오르페우스에게 바치는 소네트

Sonette an Orpheus

오르페우스에게 바치는 소네트
Sonette an Orpheus

1판 1쇄 찍은날 2008년 4월 25일
1판 1쇄 펴낸날 2008년 4월 30일

지은이 라이너 마리아 릴케
옮긴이 조두환
펴낸이 오 명
펴낸곳 **건국대학교출판부**
등록 / 제 4-3 호(1971. 6. 21.)
주소 / 143-701, 서울시 광진구 화양동 1번지
전화 / (02) 450-3891~3
팩스 / (02) 457-7202
홈페이지 / http://press.konkuk.ac.kr
전자우편 / press@konkuk.ac.kr
책임편집 박명희
찍은곳 (주)동화인쇄공사
정가 11,000원

ISBN 978-89-7107-491-6 03850

이 도서의 국립중앙도서관 출판시도서목록(CIP)은 e-CIP 홈페이지(http://www.nl.go.kr/cip.php)에서 이용하실 수 있습니다.(CIP제어번호: CIP2008001249)

Sonette an Orpheus

오르페우스에게 바치는 소네트

라이너 마리아 릴케 지음
조두환 옮김

건국대학교출판부

머리말

『오르페우스에게 바치는 소네트 *Sonette an Orpheus*』(이하 『소네트』)는 시인 라이너 마리아 릴케(1875～1926)가 1922년 2월에 탈고하고 이듬해인 1923년에 세상의 빛을 보게 한 만년기의 연작시집이다. 1부 29편, 2부 26편, 총 55편의 소네트를 담고 있는 작품이 특별히 중요하게 여겨지는 이유는 19세기 후반으로부터 20세기 초반의 시대적 공허감, 현실의 상실이라는 명제와 연관하여 인간의 존재 한계에 대한 근본적인 문제를 제기하고 있기 때문이다.

또한 시인 개인적으로는 『신시집 *Neue Gedichte*』 이후 전에 없이 소네트 형식을 자주 사용하기 시작하여 시집 전체를 소네트 시의 정형성에 의존하게 된 문학적 변천사에 큰 의미가 있다. 그것은 아마도 릴케가 내용면에 천착해 온 자신의 문학성을 재정비하고 그 어떤 형식미를 통해 새로운 방향을 타진해 보고자 하는 몸부림이 아니었을까 여겨진다.

그러나 더욱 중요하게 여겨지는 것은 전설상의 인물 오르페우스에 대한 접근이다. '리라'(칠현금)라는 악기로 우주 삼라만상을 감동 속에 몰아넣은 그를 통해 릴케는 음향, 가락, 운율 등의 신화적 '들음'의 신비를 창출한다. 그것이 곧 시로 발전한다. 이전까지 주로 시각적인 효과에 치중해 온 시작법이 음악성에 입각한 예술의 세계로 옮겨간다. 그것이 이미 알려졌거나 알려지지 않은 세계, 가시와 불가시의 세계, 존재와 비존재의 세계 등을 대립과 종합이라는 논리성을 바탕으로 하는 소네트 형식에 호소되고, 노래로 불린다.

『소네트』는 『두이노의 비가 *Duineser Elegien*』(이하 『비가』)와 더불어 동질성을 지니고 있는 만년기 문학의 결산이다. 후자에서 노래하는 '말', 즉 지상의 현상계 체험을 불가시적인 것, 즉 내면적인 것으로 사상 및 이념화하려 한다면, 전자에서는 그 말을 다시 '노래'로 나타내려고 한다. 두 작품은 대표적 개념 "순수한 모순 reiner Widerspruch"에 정신적 바탕에 둔 채, 『소네트』는 "그에게 맡겨진 신비롭고 불가사의한 받아쓰기"이며, 단어 하나도 의문시하거나 수정하지 않은 채, "단숨에 주의를 기울여…" 완성된 신축성 있는 시대감각의 문학적 결산이다. 그렇지 않을 경우, 그것은 '겸허함'을 문학의 기조로 삼고 있는 릴케에게 있어서 신적 계시에 덧칠을 하는 오만스런 행위일 뿐 아니라, "신에게 수많은 오점을 찍었다"는 자책에서 벗어날 수 있는 길이었기 때문이다.

오르페우스의 노래를 듣는 것은 이 시대에 생존하는 라이너 마리아 릴케를 만나는 일이다. 아니 그것은 고독과 수많은 탐구를 통해 삶을 바르게 깨닫고자 했던 한 인간의 소원을 체험하는 일이다. 온갖 고통 속에서도 칠현금을 켜면서 삶과 죽음의 영역을 선뜻 넘어서서 신성에 접근한 세계는 릴케가 꿈꾸어 오던 삶과 문학의 영원한 길이 아닐 수 없다.

릴케의 만년기 작품은 난해하다. 지금까지 이루어진 모든 이해와 해설이 계속 논란의 여지를 남기고 있다. 이를 타개하기 위해 다수의 참고서적을 바탕으로 해설 부분을 강화했다. 번역의 과정에서도 많은 국내외 연구서적들이 참조되었다. 시대의식과 신화적 분위기에 대한 감각을 고려하여 "하노라"풍의 낡은 표현법을 선택한 이유도 거기에 있다. 부디 릴케 문학을 바로 읽고 이해하는데 도움이 되기를 바란다.

2008년 4월

옮긴이 조 두 환

Sonette an Orpheus

차 례

Sonette an Orpheus

I 부

I.

거기에 나무가 솟아올랐노라. 오, 순수한 솟구침이여!
오, 오르페우스가 노래하누나! 오, 귓속의 높은 나무여!
사방이 침묵에 휩싸였지만, 이런 멈춤의 시간 속에서조차
새로운 시작, 눈짓과 변화가 있었노라.

고요함을 깨고, 맑고 활짝 열린 숲에서 나온
짐승들이 잠자리와 둥지로부터 모습을 드러내노라.
잔꾀를 부리려 했거나 두려움에서보다 자기 안에 묻혀
귀담아들으려 했기 때문이리라.

신음소리, 울부짖음, 으르렁거림이
그들의 가슴에는 작게만 느껴졌노라
또 이걸 맞아줄 변변한 오두막도 없었던 곳.

들어가는 문의 받침대가 흔들리는
가장 어슴푸레한 기대감마저 숨길 수 있는 곳, —
거기에 그대는 짐승들을 위한 귓속 사원을 만들어 주었노라.

Da stieg ein Baum. O reine Übersteigung!
O Orpheus singt! O hoher Baum im Ohr!
Und alles schwieg. Doch selbst in der Verschweigung
ging neuer Anfang, Wink und Wandlung vor.

Tiere aus Stille drangen aus dem klaren
gelösten Wald von Lager und Genist;
und da ergab sich, daß sie nicht aus List
und nicht aus Angst in sich so leise waren,

sondern aus Hören. Brüllen, Schrei, Geröhr
schien klein in ihren Herzen. Und wo eben
kaum eine Hütte war, dies zu empfangen,

ein Unterschlupf aus dunkelstem Verlangen
mit einem Zugang, dessen Pfosten beben, —
da schufst du ihnen Tempel im Gehör.

해설

"거기에"라는 부사가 시의 서두를 장식한다. 솟구침이라는 상승 내지 고양의 이미지를 돋보이게 하기 위함이리라. 말이 없었거나 갑자기 말을 잃어 침묵 속에 갇힌 짐승들이 비로소 듣는 법을 배운다. 들음의 행위가 새로운 평가 기준이 된다. 2행과 14행에서는 듣는 것은 시간이 아니라, 공간에 의한 감각으로서 한계가 없고 언제나 열려 있어서, 초월의 의미인 "솟구침 Übersteigung"(1행)이라는 어휘로 첨예화된다. 3, 4행은 시인의 언어 속에 내재한 변천하는 힘을 강조하면서, "새로운 시작, 눈짓과 변화들이 있었노라"(4행)며 새로운 발전과 결과의 관점을 암시한다. 7～8행에서는 겹치는 부정적 표현으로 동물의 이미지가 강조되면서 자연적인 표현 형태가 영적인 변천을 전제로 한 새로운 인지 능력에 맞선다. 11～12행에서는 충동, 힘, 불안 같은 어두운 자의식을 통해서 세상을 느슨하고 기쁘게 경험할 '맞아들이는' 처방 능력을 보여준다.

상승의 양상은 솟구침, 초월, 노래의 나무로 단계화된다. 솟구침은 넓은 의미에서 오르페우스 노래의 현재로 인식된다. 『형상시집 *Das Buch der Bilder*』의 시 「입구 Eingang」에서 "그리고는 닳아 없어진 문 받침돌에서/가까스로 끌어올린 당신의 두 눈으로/천천히 당신은 그늘진 검은 나무를 들어올리고/그것을 하늘에 고정시킨다. 가냘프게, 홀로"(5～8행)라고 노래함으로써 나무가 역동성을 지향하는 성장과 초월, 그리고 노래의 모티브로서 나타나지 않는가.

시의 선명한 대극현상은 시각적 기능을 요구하는 나무와 청각적인 면에 호소하는 오르페우스로 이루어진다. 감탄사가 자주 쓰이고, 신선한 색채감을 자아내는 시어들이 감각성을 높인다. 귀는 관찰된 것을 나무가 들을 수 있게 하는 인지의 장소이자 변천 현장이다. 그에 따라 "밀려들다 drängen", "풀리다 lösen", "기대하다 verlangen", "진동하다 beben", "창조하다 schaffen", "영접하다 empfangen" 등 활동적 의미의 동사들이 연결된다. 일찍이 "듣는 자 우리는 마침내 — 최초의 인간"(SW Ⅲ. 99)이라 규정한 바 있는 릴케는 "귓속의 사원"에 이 시가 헌정된 죽은 소녀 베라를 머리에 떠올린다. 거기에는 종교적 내연성이나 진리 탐구의 의지가 담겨 있다. "귓속의 높은 나무여"(2행)라는 외침은 음향 기능에 있어서도 유연한 흐름을 보여주는 공감각화로 나무가 내면세계에 접합된다. 이런 현상은 릴케가 로마의 시인 오비드 Publius Naso Ovid(B.C. 43～A.D. 17)를 탐독한 결과이다. 『변신이야기 *Metamorphosen*』 10권에서 오르페우스가 칠현금의 음악을 지닌 숲을 만드는 모습이 시에 다각도로 활용되고 있다. 신화 전설에서 많은 소재를 얻으면서 자유분방하고 관능적인 생활을 대상으로 한 아름다운 운율의 시를 지은 오비드를 본보기로 삼아 그에 천착하던 터였다. 그리스 신화의 그로테스크한 상황도 전개된다. 시실리에 살았다는 눈이 이마 한복판에 달린 애꾸눈의 거인 사이클롭스 자신의 귀가 채광 굴의 말로 묘사된다.

2.

거의 소녀나 다름없는 여인은 노래와 칠현금 가락이
하나로 울려 퍼지는 기쁨 속에서 솟아나왔다.
봄날에 드리운 베일을 통해 맑게 빛을 발하고
몸소 내 귓속에 잠자리를 마련했노라.

그리고 내 안에서 잠들었으니, 모든 것이 잠뿐이었노라.
항상 두려움으로 마주보던 나무들, 환하게
모습을 드러내는 그 먼 거리, 감각 속의 초원,
그리고 나를 해칠 듯 몰아친 모든 놀라움.

그녀는 세상을 잠 속에서 보냈다. 그대 노래하는 신이여,
어떻게 당신은 깨어날 소망조차 모두 버릴 만큼
그럴 수 있었는가? 보라, 그녀는 일어났다가 곧 잠들었노라.

그녀의 주검은 어디 있는가? 오, 당신의 노래가 잦아들기 전에
이 주제를 더 찾아내려는가? 그녀는 나로부터 벗어나
어디로 사라져, 가라앉을까? 소녀티를 벗지 못한 그녀가…

UND fast ein Mädchen wars und ging hervor
aus diesem einigen Glück von Sang und Leier
und glänzte klar durch ihre Frühlingsschleier
und machte sich ein Bett in meinem Ohr.

Und schlief in mir. Und alles war ihr Schlaf.
Die Bäume, die ich je bewundert, diese
fühlbare Ferne, die gefühlte Wiese
und jedes Staunen, das mich selbst betraf.

Sie schlief die Welt. Singender Gott, wie hast
du sie vollendet, daß sie nicht begehrte,
erst wach zu sein? Sieh, sie erstand und schlief.

Wo ist ihr Tod? O, wirst du dies Motiv
erfinden noch, eh sich dein Lied verzehrte? —
Wo sinkt sie hin aus mir? ... Ein Mädchen fast ....

해설

어린 여사제가 등장하여 오르페우스의 시녀가 된다. 자신이 "노래와 칠현금 가락이/하나로 울려 퍼지는 기쁨 속에서 솟아나왔다"고 말한다. 오르페우스는 자신이 소녀와 합일되고 있음을 의식하지 못한다. 시는 그 변화의 힘을 중심 메시지로 삼는다. 죽은 소녀가 오늘의 존재로 나타난다. 형상적 제한에서 벗어나 Ⅰ부 1소네트에 나오는 "순수한 솟구침"을 계속한다.

신화적 분위기로 가득한 숲은 젊은 성가대원이라 할까? 시행을 읽어 내려가면 그런 음악적 분위기가 가득 넘친다. 릴케는 베라가 춤추는 모습을 단 한 번 보았다. 베라는 Ⅰ부 15소네트에서 자신이 방금 먹은 "오렌지 춤을 추도록" 권유받기도 하고, 25소네트에서는 병과 죽음으로 다시 오르페우스와 연결되어 Ⅱ부 18소네트의 주제를 이룬다. 덧없는 상황을 움직임으로 전환시키는 그것이 춤이 된다. Ⅱ부의 28소네트에서는 자신에게 "축제의 복된 의미"를 가르쳐준 데 대해 감사를 표한다.

나무가 "몸소 내 귓속에 잠자리를 마련했노라"(4행)고 노래하는 마음은 Ⅰ부 1소네트의 "귓속 사원"(14행)과 다를 바 없다. 수용의 상징인 귀가 "잠자리"와 연결되는 것은 시의 본질이 아닐 수 없다. 프랑스 바닷가를 여행하고 돌아온 장 콕토가 "내 귀는 하나의 조개껍데기, 그리운 바다의 물결 소리여!"라고 노래 부른 구절을 머리에 떠올려도 좋으리라. "내 감각 속의 초원"(7행)은 톨스토이가 러시아 농부들과 맨발로 춤추던 바로 그 풀밭이 아니겠는가.

베라 오우카마 크노프는 오르페우스 전설의 에우리디케와 동일시되고, 천사는 자기 스스로에 만족하는 나르시시즘을 신격화한다. 오르페우스는 모든 사물에 대한, 모든 사물들 속에, 모든 사물들을 위한 속죄양이나 다름없다. 그는 노래하는 신이자 시인이다. 그의 노래는 욕망도, 구애도 아닌 시어 그 자체라고 할까? "깨어날 소망조차 버릴 만큼"(11~12행)은 Ⅰ부 3소네트의 "마음의 두 갈래 길에는"(3~4행)과 대조된다. "마음의 갈래 길 엇갈리는" 곳은 "노래는 현존재"라는 말로 현실감을 높여 시의 본질을 되찾는다. 마지막 연은 신화적 형상 속에 설정된 외적 공간이 나직한 메아리로 내적 사건으로 변한다. 메아리는 사라지고, 시의 자리가 확장된다.

「저승을 떠나는 오르페우스와 에우리디케」(파울 페터 루벤스)

3.

신이면 할 수 있으리. 하지만 말해 주오. 어찌 한 남자가
가느다란 칠현금 줄만을 믿고 신을 따르는가.
그의 마음은 갈라져 있노라. 마음의 갈래 길 엇갈리는 곳에는
아폴로를 섬길 신전 따위는 있을 리 없으리.

당신이 말하듯, 노래는 열정만도 아니며
끝내 겨루어 얻고자 탐하는 것도 아니리라.
노래란 현존재. 신이라면 행하기 쉬운 일이라.
하지만 우리가 *존재하는* 건 어느 때일까? 그리고 언제

신은 대지와 별들을 우리의 존재에게 넘겨줄 것인가?
젊은이여, 그대 입에서 목소리가 터져 나온다 해도
그대 사랑하는 그것만은 아니리니, 그대가 흥얼대던 노래쯤

잊어야 하지 않을까. 곧 지나가고 버릴 것이리라.
참된 노래를 부른다는 것은 또 다른 입김
텅 빈 것, 신 안에 부는, 한줄기 바람이리라.

EIN Gott vermags. Wie aber, sag mir, soll
ein Mann ihm folgen durch die schmale Leier?
Sein Sinn ist Zwiespalt. An der Kreuzung zweier
Herzwege steht kein Tempel für Apoll.

Gesang, wie du ihn lehrst, ist nicht Begehr,
nicht Werbung um ein endlich noch Erreichtes;
Gesang ist Dasein. Für den Gott ein Leichtes.[1)]
Wann aber *sind* wir? Und wann wendet *er*

an unser Sein die Erde und die Sterne?
Dies *ists* nicht, Jüngling, daß du liebst, wenn auch
die Stimme dann den Mund dir aufstößt, — lerne

vergessen, daß du aufsangst. Das verrinnt.
In Wahrheit singen, ist ein andrer Hauch.
Ein Hauch um nichts. Ein Wehn im Gott. Ein Wind.

---

1) "신이라면 행하기 쉬운 일"은 사랑하는 자들에게는 I부 4소네트의 "고통 leiden" 또는 "무게(고역) Schwere"(9행) 등으로 여겨진다.

해설

앞 시에서 제기된 질문에 대한 확고한 답이어서일까. "신이면 할 수 있으리"라는 서두의 단언은 이미 시 전체의 방향을 규정하고 있다. 시가 무엇이며, 또한 시인의 사명은 무엇인지 진지하게 탐구되고 있다. 시인에게 맡겨진 것을 올곧게 이행할 수 있는 자는 오로지 인간의 영역을 넘어 신성을 지닌 오르페우스뿐이라는 점이 강조된다.

시는 단순한 열정이나 감정이 아니라 경험이라는 사실도 전제된다. 그 내용은 널리 알려진 『말테의 수기』 14장의 구절을 연상시킨다.

> 그리고 기억하는 것만으로도 충분치 않다. 그것들이 많아지면, 잊을 수 있어야 한다. 그것들이 되돌아오기를 기다리던 만큼의 큰 인내심을 가져야 한다. 왜냐하면 기억들 자체는 아직 나타나지 않기 때문이다. 그것들이 우리 안에서 피가 되고, 눈길과 몸동작이 되고, 이름 없이 그리고 더 이상 우리 자신과 구분되지 않을 때 비로소, 어느 아주 희귀한 시간에 시 한 구절의 첫 어휘가 그 한가운데에서 그리고 그것들에서 나오게 될 것이다.

예술가는 자아나 개인적 감정의 벽을 넘어서 "신 안에 부는, 한줄기 바람"(14행)을 느낄 수 있어야 한다. 성숙되지 못한 시인은 스스로를 노래하며 느끼기만 할 뿐, 생각하지 못한다. 우주와 합일되는 자아, 열정적인 인간이 변형하여 신성으로 옮겨간다.

이러한 영감의 대변자만이 어떻게 잊어야 하는가 하는 문제에 대한 답을 얻을 수 있다.

이와 연관하여 괴테의 『파우스트』를 연상하는 사람도 있다.

> 두 영혼이, 아, 내 안에 살고 있다.
> 어떤 이는 형제를 떠나고 싶어 하고,
> 기관들을 붙잡고 있는 또 어떤 이는
> 거칠면서도 간절한 욕망으로 땅에 달라붙어 있다.
> 다른 사람은 힘차게 먼지로부터 일어나
> 위대한 선조의 지역으로 간다.

릴케는 그러나 예술과 삶의 갈래에서 자기만의 "아폴로를 위한 신전"을 세웠다. 비록 그것이 사람의 기쁨을 향한 그리움을 뜻하지는 않는다 하더라도 참된 노래는 목적이 없는 것이어야 한다. "온전한 예술은 존재하기 위해서 존재를 포기해야 한다는 생각으로 이루어진다."는 괴테의 말이 머리에 떠오른다.

4.

오 그대 정다운 이들이여, 때때로 그대들을
전혀 마음에 두지 않았던 숨결 속으로 들어가
그대들 뺨에서 그것이 나누어지게 하시오.
그대들 뒤에서 떨고 있던 숨결은 다시 하나가 되리라.

오 그대 축복받은 자들이여, 오 그대 온전한 자들이여,
비로소 마음을 움직이는 시작인 듯 여겨지는 그대들이 아니던가.
화살을 위한 시위여, 화살이 날아갈 표적이여,
그대들의 미소는 눈물로 말미암아 더욱 오래도록 반짝이노라.

고통에 시달리는 걸 두려워하지 마시오
무거움 같은 건 지구의 무게에 되돌려줄지라.
산들도 무겁고, 바다들도 무거우니라.

그대들이 아이일 때 심어 놓은, 아, 그 나무들조차
오래전부터 그대들이 견디어 내기에 너무 무거웠으리라.
그러나 바람들은 … 그러나 공간들은 …

O IHR Zärtlichen, tretet zuweilen
in den Atem, der euch nicht meint,
laßt ihn an eueren Wangen sich teilen,
hinter euch zittert er, wieder vereint.

O ihr Seligen, o ihr Heilen,
die ihr der Anfang der Herzen scheint.
Bogen der Pfeile und Ziele von Pfeilen,
ewiger glänzt euer Lächeln verweint.

Fürchtet euch nicht zu leiden, die Schwere,
gebt sie zurück an der Erde Gewicht;
schwer sind die Berge, schwer sind die Meere.

Selbst die als Kinder ihr pflanztet, die Bäume,
wurden zu schwer längst; ihr trüget sie nicht.
Aber die Lüfte ... aber die Räume....

해설

어린 소녀들을 타이르는 시인의 목소리가 들린다. "부드러운 것들"로 표현되는 대상은 스스로를 이 "숨결 Atem"(2행) 속에 두려움 없이 바칠 베라를 통해 회상된다. 그들은 릴케가 강조하는 "위대한 사랑하는 자들"이 될지도 모른다. "완전한 존재"인 이들은 그러나 산, 바다, 나무들 같은 자연을 견디어 내기가 힘들다. 그래서 자기가 가져야 할 짐들 중 어떤 것을 자연에 맡겼다.

이 시를 읽으면서 에밀 루카 Emil Lucka(1877～1941)의 「에로스」를 생각하는 사람도 있다. 이 오스트리아의 문필가는 헤겔 Haeckel의 생물 속생(續生) 법칙을 심리학적으로 발전시켜 성적 욕구를 초월한 정신적 사랑을 높이 평가했는데, 『비가』에 나오는 시위와 화살의 이미지가 그와 연관된다.

무게를 모티브로 한 작품의 알맹이는 사건이 우주적인 교환으로 수행되어 3행시에서 "무거움 같은 건 지구의 무게에 되돌려 줄지라./산들도 무겁고, 바다들도 무거우니라."라고 진실하게 표현된다. 그것은 균형을 촉구하는 긴장감으로 나타나 "그대들이 아이일 때 심어 놓은, 아, 그 나무들조차/오래전부터 그대들이 견디어 내기에 너무 무거웠으리라"라는 나무 모티브와 연결된다. 1, 2연 두 개의 4행시는 이탈리아와 프랑스 소네트의 전통에 따라 두 개의 운율로 짜여졌다.

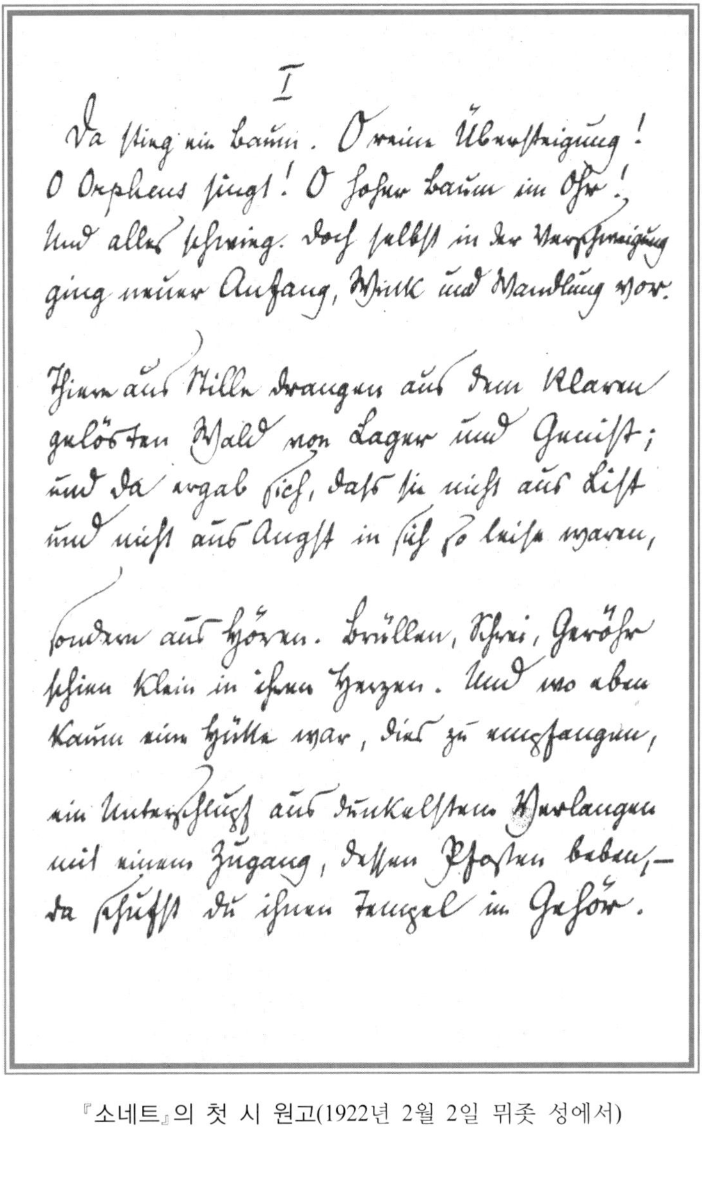

I

Da stieg ein Baum. O reine Übersteigung!
O Orpheus singt! O hoher Baum im Ohr!
Und alles schwieg. Doch selbst in der Verschweigung
ging neuer Anfang, Wink und Wandlung vor.

Tiere aus Stille drangen aus dem klaren
gelösten Wald von Lager und Genist;
und da ergab sich, daß sie nicht aus List
und nicht aus Angst in sich so leise waren,

sondern aus Hören. Brüllen, Schrei, Geröhr
schien klein in ihren Herzen. Und wo eben
kaum eine Hütte war, dies zu empfangen,

ein Unterschlupf aus dunkelstem Verlangen
mit einem Zugang, dessen Pfosten beben, —
da schufst du ihnen Tempel im Gehör.

『소네트』의 첫 시 원고(1922년 2월 2일 뮈좃 성에서)

5.

어떤 비석도 세우지 말지라. 해마다 빠짐없이
그를 기억하기 위하여 장미가 피어나게 할지라.
그것이 바로 오르페우스이기 때문이려니
그의 화신은 곳곳에 있노라. 우리는 번거롭게

다른 이름을 걸 필요가 있겠는가. 노랫소리가 그치지 않으면
언제나 오르페우스가 있으리라. 그는 왔다가 갈 뿐
그가 이따금 며칠이라도 장미꽃단지를
더 살아 있게 하는 것만으로도 충분치 아니한가?

오, 그가 왜 사라져야만 했는지, 그대들은 알게 되리라!
비록 그 자신조차 사라짐을 두려워할지라도
그의 말씀이 이생을 훌쩍 넘어서는 동안

그는 벌써 그대들이 닿을 수 없는 저편에 있으리라.
칠현금의 현 마디도 그의 손일랑 마음대로 붙잡을 수 없으리라.
뛰어넘는 순간이 그에겐 순종이 아니었던가.

ERRICHTET keinen Denkstein. Laßt die Rose
nur jedes Jahr zu seinen Gunsten blühn.
Denn Orpheus ists. Seine Metamorphose
in dem und dem. Wir sollen uns nicht mühn

um andre Namen. Ein für alle Male
ists Orpheus, wenn es singt. Er kommt und geht.
Ists nicht schon viel, wenn er die Rosenschale
um ein paar Tage manchmal übersteht?

O wie er schwinden muß, daß ihrs begrifft!
Und wenn ihm selbst auch bangte, daß er schwände.
Indem sein Wort das Hiersein übertrifft,

ist er schon dort, wohin ihrs nicht begleitet.
Der Leier Gitter zwängt ihm nicht die Hände.
Und er gehorcht, indem er überschreitet.

해설

기념비도 세울 필요가 없고, 해마다 피어날 장미만 있으면 된다는 노래의 서두가 릴케의 고백이다. 문학의 지고한 신 오르페우스에 비하면 모든 시인은 한낱 흘러가는 변천에 지나지 않는다. 베르크 성에서 릴케가 오비드의 『변신 이야기』를 읽고, 뮈죳에 있는 자기 책상 위에 오르페우스 형상의 인쇄물을 걸어 놓고 지낸 그 기간은 시인으로서 성장하는 결정적인 계기였다. 동식물에 대하여 행한 오르페우스의 위력, 지하세계로의 하강, 삶과 죽음을 통일시키는 힘은 릴케에게 있어서 작가의 소명을 다짐하는 상징적인 표현이 된다. 영화(靈化)되어 확대된 현실의 이 세계는 죽음의 나라와 유사하다. 그가 모습을 보이면서 모든 사물로의 변형이 이루어졌다. 그의 노래로

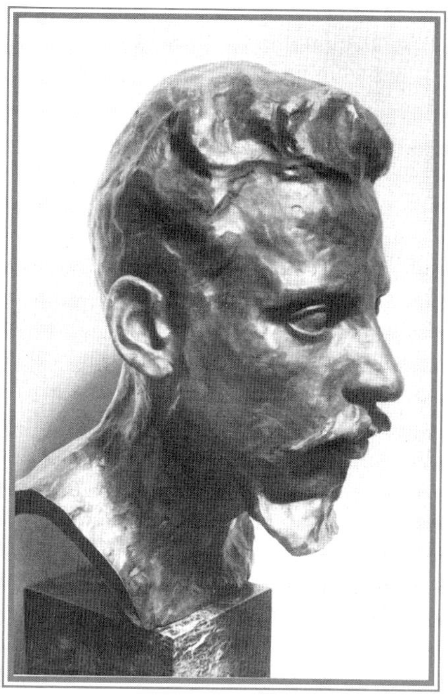

릴케(클라라 릴케-베스트호프, 1901)

그것이 인식될 뿐, 아무 비석도 세우지 말고, 오직 장미 한 송이면 족하다는 것이다.

『소네트』는 오르페우스와 베라에게 "기념비"로 바쳐진다. 시인의 비명으로도 불린다. 그것은 신과 노래의 영원성을 온 누리에 드러내는 표상도구이다. 베라는 노래와 칠현금과 하나가 되어 행복을 누린다. 노래, 존재, 위와 아래, 이곳과 저곳 같은 이중 영역의 완전성이 오르페우스에 대한 찬양 속에 울려 퍼진다. 아주 솔직하고 자연스레 신에게 속마음을 털어놓는다. 그래서 그의 말에는 영원한 생명력이 있다. "노랫소리가 그치지 않으면/언제나 오르페우스가 있으리라"는 구절에서 모든 노래의 중심에는 오르페우스가 있고, 시인들은 이 합창 대열에 참여해야 한다는 사실이 공포된다. 하이데거가 『릴케 에세이』에서 지적한 "존재하는 것 자체 속에 존재하는 것, 즉 현존재"가 아니겠는가.

마지막 행에 함축된 불복종의 모습은 하데스에게 내려가, 에우리디케를 풀어내려다가 계속되는 실패로 인하여 시인 스스로 법칙과 전통을 깨뜨리고 있는 오르페우스의 모습이다. 하지만 그는 좀 더 차원이 높은 법칙을 따르고 있는 것 같다. 4~6행에서 볼 수 있듯이, 릴케는 '나'라는 인칭 대신 '우리'나 '너', 그와 더불어 '그것'을 사용한다. 사건을 신화적인 것으로 끌어올리기 위함이다.

Ⅱ부의 5, 6, 7, 14, 21소네트들은 시집 전체가 화사한 꽃다발로 휩싸인 칠현금처럼 보이게 한다. 변용의 화신인 오르페우스는 꾸준한 변화, 즉 "여기에 있음 Hiersein"(11행)에서 영원한 초월을 다짐한다.

6.

그는 이승의 사람인가? 아니다. 두 영역에서
그의 드넓은 천성이 자라났노라.
버드나무 뿌리를 보고 무얼 알아내는 그런 사람만이
자라난 나뭇가지를 잘 굽힐 수 있으려니.

잠자리에 들 때, 테이블 위에 빵도 우유도
놓아두지 말지라. 죽은 자들을 홀리게 할지 모르니—
하지만 그들에게 마법을 써 일으킬 수 있는 그는
온화한 눈꺼풀 아래로

보이는 모든 것에다 그들의 유령들을 섞으리라.
그리고 푸마리아초와 루타의 마력이
그에게는 티 없이 맑은 물체처럼 참되리라.

참된 형상을 그가 쓰지 못하게 하는 것은 없으리니
무덤에서든, 방에서든
그로 하여금 반지, 팔찌, 항아리를 찬양케 하여라.

IST er ein Hiesiger? Nein, aus beiden
Reichen erwuchs seine weite Natur.
Kundiger böge die Zweige der Weiden,
wer die Wurzeln der Weiden erfuhr.

Geht ihr zu Bette, so laßt auf dem Tische
Brot nicht und Milch nicht; die Toten ziehts-,
Aber er, der Beschwörende, mische
unter der Milde des Augenlids

ihre Erscheinung in alles Geschaute;
und der Zauber von Erdrauch und Raute
sei ihm so wahr wie der klarste Bezug.

Nichts kann das gültige Bild ihm verschlimmern;
sei es aus Gräbern, sei es aus Zimmern,
rühme er Fingerring, Spange und Krug.

해설

"이승의 사람인가"라는 서두의 질문으로 원천적 존재에 대한 모티브를 일깨운다. 중심개념으로서 토의의 대상이 될 뿐만 아니라, 6~10소네트에 걸쳐 삶과 죽음의 이중영역에 대한 문제와 두 영역을 중재하는 가능성에 대한 '찬양' 모티브로 이어진다.

오르페우스는 하데스에게로 가는 길에 버드나무 가지를 부적처럼 꺾어 가지고 간다. "드넓은 천성"과 연관하여 노래를 부르고자 하는 시인에게는 "버드나무 뿌리를 보고 무얼 알아내는 그런 사람만이/자라난 나뭇가지를 잘 굽힐 수 있으려니."라는 오르페우스의 빈틈없는 충고가 뒤따른다. 그는 마법의 기능을 가진 수양버드나무가지(슬픔의 상징)를 지니고 있기 때문에 그 어떤 변형은 물론, 삶과 죽음의 시간적인 통일도 가능하다.

『비가』에서 그렇듯이, 현대 시인들도 두 번째 영역, 즉 저 세상에서의 상징들을 몸소 활용하기를 바란다. 로마의 가정 수호신들이 삶의 영역에서 실제화되고 사랑을 받는다. '물동이'는 II부 15소네트와 18소네트에도 나오고, 다른 유물들은 『신시집』의 「매춘부의 무덤 Hetären-Gräber」(SW Ⅰ. 540)에도 유사하게 등장한다. 테이블 위의 "빵"과 "우유"(6행)는 발레리에게서, 전형적인 묘지의 꽃 "푸마리아초"와 "루타"(10행)는 셰익스피어에게서 온 이미지로 추정된다. 소네트가 대부분 오르페우스에 귀결되지만 릴케는 자신의 삶과 연관된 것도 빠뜨리지 않는다.

신화적 형상으로서 삶과 죽음 두 영역에 속하는 오르페우스에게 마적인 어휘는 "찬양"이며, "무덤에서든, 방에서든"(13행) 그들에게 이름을 붙여줌으로써, "그로 하여금 반지, 팔찌, 항아리를 찬양케 하여라."(14행)고 노래할 수 있는 것이다. 그리하여 죽은 자와 소유물들을 함께 매장하는 고대 매장 전통을 머리에 떠올리며 죽은 자를 인간의 시야에 들어오게 한다.

죽음의 세계를 다스리는 하데스와 지옥의 세계의 엠블럼

7.

찬양. 바로 그것이라! 그로써 축복자로 명받은 자
광물처럼 돌 속 침묵에서 솟아나왔노라.
그의 가슴으로 잉태되었다. 오 인간에게는, 한낱
끝없이 샘솟는 포도즙을 짤 일시적인 도구일 뿐

신성한 본보기가 나서서 그를 꼼짝 못하게 해준다면
그의 목소리는 뿌연 먼지에 휩싸인들 막히지 않으리라.
모든 것이 포도원이 되고, 모든 것이 포도넝쿨이 되리라.
정이 넘치는 남쪽나라에서 무성하게 자라나리라.

무덤들과 거기 누워 썩어가는 왕들도
그의 찬양에 거짓으로 임하거나, 신들로부터
그림자가 내려 막막해져도 의심치 않으리라.

그는 줄곧 머무는 사신들 중의 한 사람
저 멀리 죽은 자들의 문에 이르러 그들을 찬양할
황금단지 속에 찬란한 과일들을 담고 있으리라.

RÜHMEN, das ists! Ein zum Rühmen Bestellter,
ging er hervor wie das Erz aus des Steins
Schweigen. Sein Herz, o vergängliche Kelter
eines den Menschen unendlichen Weins.

Nie versagt ihm die Stimme am Staube,
wenn ihn das göttliche Beispiel ergreift.
Alles wird Weinberg, alles wird Traube,
in seinem fühlenden Süden gereift.

Nicht in den Grüften der Könige Moder
straft ihm die Rühmung lügen, oder
daß von den Göttern ein Schatten fällt.

Er ist einer der bleibenden Boten,
der noch weit in die Türen der Toten
Schalen mit rühmlichen Früchten hält.

해설

감탄문 "찬양. 바로 그것이라!"로 시작되는 시는 "환호 Jubel", "하소연 Klage", "그리움 Sehnsucht" 등으로 시의 전후 연결과정에서 6~7소네트의 주제와 맥을 같이한다. 찬양하는 자, 시인의 표상이 강하게 표명된다. 그는 인간의 영역을 넘어서서 작품에 힘을 불어넣어 한편으로는 천사에, 다른 한편으로는 땅에 관계를 맺는다. 찬양을 통하여 모든 것을 정화시킬 수 있으며, 모순대립마저 모두 상보관계로 전환시킬 수 있다. 이러한 생멸의 과정이 시의 기본 톤을 이룬다.

"항상 머무름"은 우리 존재에 어떤 모습을 만들어 주며, 그것을 다시 반사시킨다. 시인은 죽음과 운명에 동요되지 말아야 한다는 생각으로 시가 죽음보다 강함을 믿는다. 그리하여 마지막 연은 오르페우스 모습 자체를 강하게 부각시킨다. 강력한 포도주 압착기가 되기보다는, 모두가 풍요로운 포도원이 되어야 하겠다는 믿음을 전제로 한다. "문지방"의 신으로서 그는 다른 영역에서 나온다.

우리 인생에 있어서 이해할 수 있는 힘은 고통과 한탄의 과정을 겪지 않고는 발전되지 않는다. 신이나 인간은 얼마나 사랑을 받을 수 있는 존재인가 하는 문제와 연관해서 시는 「제7비가」의 "사랑하는 이여, 세상은 우리의 내면 말고는 아무데도 없노라"(SW Ⅰ. 711)라든가, 「제10비가」의 "언제인가 치열한 통찰력을 떨쳐버리며/긍정적인 천사의 환호와 찬양을 행하리라"(SW Ⅰ.

721)와 호흡을 같이한다. 비가의 분위기를 놓치지 않고 작품 『소네트』의 요소를 가장 확실하게 살린 이 시를 가장 대표적인 것으로 손꼽는 것도 그런 이유에서가 아닐까?

「릴케」(루루 알베르트-라자르트, 1916)

8.

찬양의 공간 속에서만 하소연이 통하리라
눈물로 이루어진 샘물의 수호요정
매양 침강하는 우리의 모습을 바라보는
그 여인은 바위 위에서 선명하게 움직이는구나.

문과 제단들이 서 있는 바로 그곳.—
보아라, 여인의 조용한 어깨를 감싸고 있는
동트듯 떠오르는 예감. 여인은
한 마음의 자매들 가운데 가장 어리지 않던가.

환호가 *알고*, 그리움이 고백되리라,—
하소연만이 아직 배움 속에 있노라. 그것은 밤마다
태고의 재앙을 소녀의 손길로 헤아리리라.

그러나 갑자기, 거칠고 어색한 모습으로
자신의 숨결로 인해 조금도 흐려지지 않은 하늘을 향해
그녀는 우리 목소리의 별 모양을 높이 간직하리라.

NUR im Raum der Rühmung darf die Klage
gehn, die Nymphe des geweinten Quells,
wachend über unserm Niederschalge,
daß er klar sei an demselben Fels,

der die Tore trägt und die Altäre. —
Sieh, um ihre stillen Schultern früht
das Gefühl, daß sie die jüngste wäre
unter den Geschwistern im Gemüt.

Jubel *weiß*, und Sehnsucht ist geständig, —
nur die Klage lernt noch; mädchenhändig
zählt sie nächtelang das alte Schlimme.

Aber plötzlich, schräg und ungeübt,
hält sie doch ein Sternbild unsrer Stimme
in den Himmel, den ihr Hauch nicht trübt.

1906년 파리에서의 릴케

해설

오르페우스의 세계를 재창조하는 과정에서 릴케는 기념이 될 만한 장소를 필요로 했는지 모른다. 또한 감정이나 정서들을 잘 조합시킨 이후에 「제10비가」에서처럼, 진정 안타까움과 하소연이 지배하고 있는 그곳을 발견하고 시에 담아내기 위해 몸부림치고 있었는지 모른다. 1연에 정확히 제시되고 있는 이른바 침전기능이 마지막 전환의 용해과정을 중시하는 릴케의 시적 관점을 돋보이게 하지 않는가.

"동이 튼다 frühen"(6행)라는 동사가 눈길을 끈다. "문과 제단들이 서 있는 바로 그곳"(5행)은 도시와 성전을 세운 인간의 고귀한 노력이 "하소연 Klage"(1행)의 현장으로 옮겨질 수 있지만, "찬양 Rühmung"(1행)의 공간이 되어야 하리라는 강한 소원이 있다. 소녀들은 자신들의 의무로 찬양하는 것을 배운다. 사람들의 목소리를 받아들이고, 거친 울부짖음과 히스테리까지도 다듬어 예술과 미가 가득한 세계의 새로운 성좌를 창조하자는 꿈이 있다.

"우리 목소리의 별 모양"(13행)을 간직하는 것은 소녀상이다. 물론 베라를 향한 애틋한 그리움이다. 만가풍의 슬픈 노래 속에서 시인은 인간 생활에 질서를 부여한다는 원칙에 바탕을 두고 여인이야말로 완전히 신의 권역 안에 들어설 수 있는 존재라는 찬미의 목소리를 낮추지 않는다. 릴케의 여성 친화력이 돋보이는 대목이다.

9.

칠현금을 들어
그림자 속에서 가락을 뽑는 자만이
그침이 없을 성스러운 찬양을
가만히 드릴 수 있으리.

죽은 자와 함께
양귀비를 먹어 본 자만이
그 희미한 가락까지도
다시는 놓치지 않으리라.

연못에 비친 그림자가
우리 앞에 가물거릴지라도
그 형상을 알 수 있으리.

이 세상, 저 세상에 함께 임할 때
목소리는
영원함과 부드러움을 지키리라.

NUR wer die Leier schon hob
auch unter Schatten,
darf das unendliche Lob
ahnend erstatten.

Nur wer mit Toten vom Mohn
aß, von dem ihren,
wird nicht den leisesten Ton
wieder verlieren.

Mag auch die Spiegelung im Teich
oft uns verschwimmen:
Wisse das Bild.

Erst in dem Doppelbereich
werden die Stimmen
ewig und mild.

해설

자연과의 일체화를 통하여 온 우주에 존재하는 삶을 투명하게 제시한다. 시 정신으로 공간 개념을 확립하고, 오르페우스의 신화처럼 천지에 가득 찬 노래로 승화시킨다.

"칠현금을 들어/그림자 속에서 가락을 뽑는 자만이"(1~2행) 찬양을 드릴 수 있다 함은 Ⅰ부 8소네트의 "그러나 갑자기, 거칠고 어색한 모습으로"(12행)도 찬양할 수 있으리라는 금언적인 명제에 대한 답으로 여겨진다. 겸허함 속의 절대적 헌신이 있어야 한다는 것이리라. 3행의 "그침이 없을 unendlich"는 "천상의", "신성한"의 의미를 담고 있으며, 예술은 그런 자리에서 꽃으로 피어나리라는 가르침을 핵심으로 삼고 있다.

위의 태양(빛)과 아래의 땅(죽음)의 '이중영역'도 형성된다. 두 개의 4행시는 평행적인 관계를 유지하고, '저 세상'에 대한 인식이 '이 세상'을 완전케 하고, 아울러 그 반대의 상황도 있을 수 있다는 사실을 보여준다. 그에게로 향한 이동의 언어를 구사함과 동시에 찬양의 실마리를 끌어낸다. 또한 이상적인 찬양은 "영원함과 부드러움을 지키리라"(14행)는 말로 매듭을 지으면서 유순한 힘에 대한 인식도를 높인다. 그것은 곧 순수함을 뜻하기 때문이다.

하데스에게로 가는 오르페우스의 행로가 두 개의 4행시에 담겨 있지만, 슬픔의 효과가 좀 더 보편적인 인간의 모습으로 나타날 수 있도록 순화시키는 데 주력하고 있다. 죽음에 임박한 자가 찬양자의 반열에 나타난다. 셋째 연이 플라토닉한 세계상이 영원한 이상으로 노래불리는 반면, 마지막 연은 지금까지의 국면을 종합하고 새로운 시작을 보여준다.

I 부 5소네트에서 부각된 '오는 것'과 '가는 것', 즉 오르페우스의 차안 '현존과 사라짐'이 피안의 그것과 모순관계로 설정된다. 하지만 오르페우스가 에우리디케를 데리러 가려 했을 때 이미 죽음의 나라에 있었던 것처럼, 죽음이란 공포감을 잃었기에 매년 시들어 없어진 장미가 다시 피어나 되돌아오듯 하나의 서클을 이룬다.

시는 닥틸루스의 운율에 2~3박자, 남성, 여성운의 짧은 시행들이 규칙적인 교환 속에 균형을 이룬다. 11행과 14행은 두 박자. 3박자의 시행처럼 남성적으로 끝난다. 두 개 3행시의 종결 시행 (10/11, 13/14) 앞의 리듬 구조와 조화를 이룬다. 보들레르, 말라르메, 발레리 등의 영향을 받은 것으로 보인다.

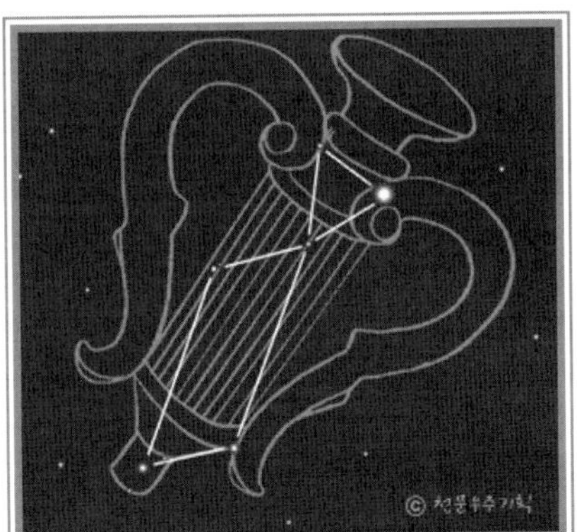

칠현금

10.

내 마음을 버리고 떠난 적이 없는 그대,
고대의 석관들에게 인사를 하노니,
거기로부터 로마 시대의 물이 즐겁게
흥얼대는 노래처럼 흘러가노라.

아니면 깨어서 즐거워하는 목동의
눈망울처럼 그렇게 활짝 열려 있다.
— 안에는 가득 찬 적막과 죽은 쐐기풀꽃 —
어디선가 꿈에 홀린 나비들이 펄럭이며 날아오노라.

의혹을 벗어 던진 모두에게
인사를 보내니, 침묵이 무엇인지
다시 열린 입들은 이미 알고 있으리니.

벗들이여, 우리는 아는 건가, 모르는 건가?
사람의 얼굴 속에는 두 가지가
머뭇대는 시간을 만들어 내고 있다.

EUCH, die ihr nie mein Gefühl verließt,
grüß ich, antikische Sarkophase,
die das fröhliche Wasser römischer Tage
als ein wandelndes Lied durchfließt.

Oder jene so offenen, wie das Aug
eines frohen erwachenden Hirten,
— innen voll Stille und Bienensaug —
denen entzückte Falter entschwirrten;

alle, die man dem Zweifel entreißt,
grüß ich, die wiedergeöffneten Munde,
die schon wußten, was schweigen heißt.

Wissen wirs, Freunde, wissen wirs nicht?
Beides bildet die zögernde Stunde
in dem menschlichen Angesicht.

해설

일반적인 명제에 개인적이며 구체적인 경험 요소를 넣어 신화 구조를 느슨하게 하려는 의도가 엿보인다. 로마 석관(石棺) 문화유적들을 배경으로 하는 1연은 고대 문화와 죽은 자에 대한 기억이 영원의 물이 고대의 수로로부터 흘러나왔다가 다시 그 속으로 흘러들어가는 과정을 비유하면서 "가고 오는" 영역 초월의 오르페우스 형상을 강조한다. 기억은 영역의 제한을 받지 않는다. 2~4행은 "물이 즐겁게 흥얼대는 노래처럼" 흘러가는 것은 적막과 고요가 아니라 그것을 향하는 대조와 부조화를 택한다.

1903/04년 겨울을 로마에서 보낸 릴케는 2연의 시어들을 바로 그곳 아를 시 부근의 로마 폐허 지역에서 채취한다. '무덤길'에는 수많은 열린 관들이 잡초와 먼지 속에 쌓여 있었고, 그때의 느낌은 "의혹을 벗어 던진 모두에게/인사를 보내니, 침묵이 무엇인지/다시 열린 입들은 이미 알고 있으리니"(3연)라고 표현된다. 죽음은 생수와 침묵하는 꽃과 나비들로부터 인간의 얼굴 속으로 들어가는 아름다움을 이룬다.

마지막 연은 이색적으로 물음표로 이루어져 있다. 이것은 Ⅰ부 11소네트의 "그래도 잠시나마 형상을 상징처럼 생각하고/기뻐하자. 그것이면 족하노라"(13~14행)와 상응관계로 설정되어 있다. 마찬가지로 Ⅰ부 10부터 15소네트들도 다채로운 경험들을 서로 주고받는 문답 형식하에 있다. 마지막 두 행은 "사람의 얼굴 속에는 머뭇대는 시간이 두 가지를 만들어내고 있다"고도 번역이 가능하여 토론의 대상이 된다.

석관은 눈과 입처럼 열려 있고, 사람의 얼굴 속에는 머뭇대는 시간을 만들어내고 있다. 그것은 죽음에 대한 올바른 관점을 갖게 한다. "망설임"의 시간을 보내야 하는 인간이 피안의 세계를 받아들임에 있어서 큰 도움을 받을 수 있으리라. 인간의 얼굴을 상징적으로 그의 운명을 릴케의 눈과 무덤의 초현실주의적인 결합에 흐르게 한다. 석관의 영원한 물은 인간의 눈물과 연관된다.

비슷한 소재가 Ⅰ부 15소네트에도 쓰인다. 『신시집』의 「어린이 Das Kind」에 나오는 "무심코 그들은 아이가 노는 모습을/오래도록 바라보고 있었다. 이따금 둥글고 생생한 얼굴표정이/옆모습에서 나타나/제때 시작하여 좋은 끝맺음을 하는//가득한 완성의 시간처럼 맑고 가득 하여라"(SW Ⅰ. 640)라는 구절도 시와 연결시켜 볼 수 있다.

로마시대 아를지역(프로방스)에 있는 고대 석관들
(권세가들일수록 사후의 영화를 누리고 싶어 잘 가꾼 석관들을 사용했다.)

11.

하늘을 보라. '기수'라 불리는 별자리는 없는가?
우리 마음에 별난 인상을 남긴 땅 위의
이 자부심. 저기 있는 두 번째 것은
말을 타고 고삐 조이면서 그 품에 안겨 가노라.

채찍을 받으며 잘 다듬어진 이 모습은
우리의 존재, 이 억센 본성과 같지 않는가?
달리는 길과 돌아섬. 살짝 대기만 해도 알 수 있네
새로 열리는 먼 길. 그러다가 둘은 하나가 되노라.

그러나 그들은 그렇게 *존재하는 걸까*? 아니면
함께 가던 그 길을 생각하는 건 아닌지?
소리도 없이 테이블과 목초지가 그들을 갈라놓으리라.

섞여 있는 별자리도 속임수를 쓰노니
그래도 잠시나마 형상을 상징처럼 생각하고
기뻐하자. 그것이면 족하노라.

SIEH den Himmel. Heißt kein Sternbild ›Reiter‹?
Denn dies ist uns seltsam eingeprägt:
dieser Stolz aus Erde. Und ein Zweiter,
der ihn treibt und hält und den er trägt.

Ist nicht so, gejagt und dann gebändigt,
diese sehnige Natur des Seins?
Weg und Wendung. Doch ein Druck verständigt.
Neue Weite. Und die zwei sind eins.

Aber *sind* sie's? Oder meinen beide
nicht den Weg, den sie zusammen tun?
Namenlos schon trennt sie Tisch und Weide.

Auch die sternische Verbindung trügt.
Doch uns freue eine Weile nun
der Figur zu glauben. Das genügt.

해설

기수(騎手), 화관, 요람, 갈대, 인형, 창 등 별자리의 의미가 두루 언급된다. 아라비아의 점성술에 대한 언급이 있는 「제10비가」가 중요한 비교대상이 된다. "기수"(1행)라는 별 형상은 동물과 인간의 차이 내지 동종성을 위한 상징으로서 '존재의 본성'을 가리킨다. 그것은 또한 인간의 이원성을 상징한다. 북두성의 갈고리 손잡이에 있는 두 개의 별과 연관된다. 네 번째로 큰 별인 알코르도는 시력이 아주 좋은 사람 말고는 눈에는 보이지 않는다. 미자르는 초록빛을 띤 하얀 두 번째로 큰 별이며 언뜻 보면 한 쌍의 말처럼 보인다, 비록 그 이름은 원래 "허리에 두르는 옷"을 뜻하거나 곰으로 간주되기도 했다. 릴케는 아마도 이것들 중의 하나를 선호한 것 같다. 그는 플라톤이 영혼의 마차를 끄는 말 두 마리를 고용한 것과 같은 상징을 쓰고 있다. 릴케가 인마좌(人馬座, centaur) 같은 어떤 종류의 피조물을 내세우려고 했는지는 뚜렷이 알려지지 않지만 그가 이중세계를 표현할 다른 상징체를 찾고 있었음은 분명하다. 마지막 두 행에서는 말과 기수의 합동작전이 곧 의문시되고, 신속한 촉구가 이루어진다. 천상의 세계도 인간의 찬양이 닿아 땅위의 길처럼 쉽게 넘나들 수 있는 어떤 경지를 기대하고 있다.

1910년 북아프리카의 오아제 비스크라에서 열린 아라비아 축제
같은 해 11월 알지에, 엘 칸타라, 카르타고와 함께 이곳을 돌아보고
다시 이탈리아 나폴리로 향했다.

12.

우리를 한데 묶어 줄 정신을 찬양하라.
우리는 진정 형상 속에 살고 있음이니
언제나 시간들은 총총걸음으로
우리 원래의 하루와 함께 가리라.

마땅히 설 자리를 알아보지 않고
우리는 진실한 관계를 맺고 있는 것처럼 행동하노라.
안테나들은 이웃 것들의 상태를 살피고
텅 빈 먼 공간이 간직하고 있었던 …

순수한 긴장. 오, 온갖 힘들이 쏟아내는 음악이여!
느슨하게 풀어나가는 나날의 업무를 통해서 그대가
가로막고 있던 모든 것들이 사라지지 않았던가?

농부가 땀 흘려 씨를 뿌린다 해도
여름에 씨앗이 바뀌는 그곳에는
그의 힘이 결코 미치지 못하리. 땅은 *베푸는 것이리라.*

HEIL dem Geist, der uns verbinden mag;
denn wir leben wahrhaft in Figuren.
Und mit kleinen Schritten gehn die Uhren
neben unserm eigentlichen Tag.

Ohne unsern wahren Platz zu kennen,
handeln wir aus wirlichem Bezug.
Die Antennen fühlen die Antennen,
und die leere Ferne trug ...

Reine Spannung. O Musik der Kräfte!
Ist nicht durch die läßlichen Geschäfte
jede Störung von dir abgelenkt?

Selbst wenn sich der Bauer sorgt und handelt,
wo die Saat in Sommer sich verwandelt,
reicht er niemals hin. Die Erde *schenkt*

해설

이전 시의 형상 테마에 이어 여기에서는 그 속에서의 삶이 찬양된다. 찬양의 한 그룹을 이루며 Ⅰ부 10소네트에서는 그런 테마들을 도입하고, 11소네트에서 그에 위탁된 임무를, 12소네트에서는 열광적인 찬미가 이루어진다.

시계, 라디오 방송국, 들판의 농부 등이 뒤섞인 다양한 이미지가 시적 만족감을 표출한다. 그것은 진정으로 우리의 개인적인 시간, 즉 구체적인 삶의 핵심을 강조하면서 생명을 시간 속에서 행동하는 현실적인 삶으로 파악한다. 이것을 철학자 베르그송 H. L. Bergson(1859~1941)의 관점에서 기계적 유물론이 아닌, "순수 지속 durée pure"에 의해 생을 비약시켜 "창조적 진화 évolution Créatrice"를 이루는 실존적인 생명으로 설명하기도 한다.

"안테나들"(9행)은 "순수한 긴장"으로 진동하고 어떤 음악을 전달한다. 농부는 그것을 잘 이해하지는 못하지만 자연으로부터 많은 것을 느낀다. 이처럼 릴케는 가까운 곳에서 절대적인 존재와 접촉한다. 언어적 변형과 상징성도 한몫을 한다. 사전적인 어휘 배열 의도가 작품 사이에 연결되고 있어서 이 시의 "살피다(느끼다) fühlen"(7행)는 Ⅰ부 13소네트의 "감정 Fühlung"(14행)을 가리키며, 시의 마지막 문장 "땅은 베푸는 것이라"는 중심 테마가 되어 뒤를 이어 나오는 과일과 꽃 3부작(Ⅰ. 13, 14, 15)의 형상 영역을 대표한다.

오늘날의 릴케 발자취

릴케가 1900년부터 2년간 생활한 독일 북부 브레멘 근교의 예술가 마을 보릅스베데에 '릴케 길'이 마련되었다.

13.

토실토실 영근 사과, 배와 바나나
구즈베리… 이 모두가 입에 담는 말은
삶과 죽음뿐이라 … 짐작이 가노라 …
그 맛들을 아는 어린이의 얼굴에서

읽어보지 않으려는가. 멀리서 온 이것이
그대들 입으로 들어가 천천히 이름도 없는 존재가 되지 않을까?
언젠가 말이 있었던 곳에는 사라졌던 보물들이 흘러나오고
불현듯 과육을 떨치고 나왔노라.

그대들이 사과라 이름 붙인 것을 감히 입에 담아 볼까.
비로소 빽빽이 들어찬 이 달콤함은 이처럼
맛보는 동안에 묘한 맛이 덧붙어서

맑아지고, 깨어나 투명해지는 맛, 애매함도 있도다.
햇빛비치고, 흙냄새 나는, 이 세상의 그것 —
오, 경험, 감정, 기쁨이여 —, 그지없이 넓기도 하구나!

VOLLER Apfel, Birne und Banane,
Stachelbeere ... Alles dieses spricht
Tod und Leben in den Mund ... Ich ahne ...
Lest es einem Kind vom Angesicht,

wenn es sie erschmeckt. Dies kommt von weit.
Wird euch langsam namenlos im Munde?
Wo sonst Worte waren, fließen Funde,
aus dem Fruchtfleisch überrascht befreit.

Wagt zu sagen, was ihr Apfel nennt.
Diese Süße, die sich erst verdichtet,
um, im Schmecken leise aufgerichtet,

klar zu werden, wach und transparent,
doppeldeutig, sonnig, erdig, hiesig —:
O Erfahrung, Fühlung, Freude —, riesig!

해설

다른 소네트에 비해서 완성도가 높은 아주 투명한 시이다. 「제4비가」의 "누가 어린이의 죽음을 잿빛 빵으로 빚어 굳게 만들어 버리는가 — 아니면 아름다운 사과의 속처럼 거기 둥그런 입 속에 그걸 남겨 둘까?"(78～81행)(SW Ⅰ. 699)에 담긴 내용이나, 1914년의 시 「마음의 산 위에 쫓겨나 Ausgesetzt auf den Bergen des Herzens」(SW Ⅱ. 424)와 「예니 로버트 파에지 부부에게 바치는 시 Widmungen für Jenny und Robert Faesie」(SW Ⅱ. 258)와 같은 맥에서 이해할 수 있다.

다양한 회상이 이루어지는 가운데 각 단어는 나름대로의 정확한 의미를 담고 있다. 그러나 인간의 말을 초월하는 언어가 있음도 밝힌다. 입은 말하는 기관, 하지만 표현되지 않은 말을 통해서 맛을 정의할 수 있는 가능성도 많다. 또한 "그대들이 사과라 이름 붙인 것을 감히 입에 담아 볼까"(9행)처럼 말이 없는 것이 더 표현의 투명성을 얻는다는 사실을 강조한다. 말로 이루어지지 않은 사과의 맛도 엄연히 존재하기 때문이다. '말'보다 '침묵'의 가치가 크게 평가된다. 반대로 말과 표현 대상의 통일은 두 소네트 범주에 흐르는 오르페우스적인 것을 이룬다.

과일을 소재로 하여 제대로 다룰 수 없을 정상적인 맛을 곧이곧대로 나타내면서 전설에 속하는 형태의 변화와 주제의 문제점을 제시한다. 거기에 맛과 말의 관계가 보기로 주어진다. 꽃, 과일, 포도 잎 등 성장하는 것들은 흙에 의해서 인간에게 주어진다.

그래서 과일은 "삶과 죽음을 자신의 입으로" 실어 나른다. 이름 붙여진 과일들은 이름 없이 되고, 입속의 맛이 된다. 언젠가 말이 있었던 곳은 과육에서 풀려 나온 물체들이 그 자리를 대신하고, 어휘 - 음의 양식은 미각의 기쁨으로 바뀐다. "그 맛들을 아는 어린이의 얼굴에서//읽어보지 않으려는가."(4~5행)라는 구절은 전체 시에 제기된 의문에 대한 답의 기능을 한다.

풍성한 과일 맛을 릴케는 종종 영혼의 기쁨으로
인식하고 오르페우스의 초월성과 연관시킨다.

14.

꽃, 포도넝쿨, 과일과 어울려 지내노라.
그들이 그 해의 언어를 쓰는 것만은 아니노라.
어둠 속에서 떠오르는 온갖 모습들
아마도 대지에 새로이 힘을 주는 죽은 자들의

부러움에 가득한 빛을 간직하고 있는지도 몰라.
어느 부분을 그들 소유로 만드는지 어찌 우리가 안단 말인가?
그것은 오래전부터 그들의 빈 뼈의 정수를 가지고
한사코 찰흙을 다듬어 온 방법이었으리.

이제 묻고 싶어지네. 기쁜 마음으로 행해진 걸까? …
힘든 노예의 일, 이 둥근 과일이
그들의 주인인 우리에게 덤벼들 기세인가?

그들은 뿌리 많은 묘지 속에서 잠들고 있는 주인들로서
쌓여 넘치는 그곳에서 묵묵한 힘과 입맞춤에서
얻어진 중간 것을 우리에게 줄 것인가?

WIR gehen um mit Blume, Weinblatt, Frucht.
Sie sprechen nicht die Sprache nur des Jahres.
Aus Dunkel steigt ein buntes Offenbares
und hat vielleicht den Glanz der Eifersucht

der Toten an sich, die die Erde stärken.
Was wissen wir von ihrem Teil an dem?
Es ist seit lange ihre Art, den Lehm
mit ihrem freien Marke zu durchmärken.

Nun fragt sich nur: tun sie es gern? ...
Drängt diese Frucht, ein Werk von schweren Sklaven,
geballt zu uns empor, zu ihren Herrn?

Sind *sie* die Herrn, die bei den Wurzeln schlafen,
und gönnen uns aus ihren Überflüssen
dies Zwischending aus stummer Kraft und Küssen?

해설

발레리의 시 『해변의 묘지』(1920)에서 받은 영향이 크다. 어떤 것은 그의 Ⅰ부 12소네트의 말미에 나오는 여름메타포가 형상과 음으로 전환되면서 Ⅰ부 13소네트의 "달콤함 Süße"(10행)과 "햇빛비치는 sonnig"(13행)을 거쳐 "쌓여 넘치는 그곳에서 aus ihren Überflüssen"(13행)와 Ⅰ부 15소네트의 맞서 싸우게 될 "달콤함 Süßsein"(7행)과 "더 따뜻한 풍경 die wärmere Landschaft"(9행)에 이른다. 여기에서 죽은 자는 지구의 힘으로 전환되어 산 자에게 과일의 11조를 돌려준다. 아마 그들은 노예이거나, 아니면 넉넉히 가지고 있는 것 중에서 몇 조각을 내놓는 거만한 주인들인지 모른다. 그런 의미에서 "노예 Sklaven"(10행)와 "잠들고 있는 schlafen"(12행) 간의 운율적인 연관성이 크게 보인다.

파스테르나크가 스케치한 릴케(1901)

15.

기다려라…, 맛이 있는데… 벌써 도망하다니
… 음악소리는 별로 없고, 발 구름과 흥얼거림뿐—
소녀들이여, 따사로운 마음의 너희들은 말없이
너희들이 맛본 과일의 그 맛을 춤으로 나타낼거나!

오렌지 춤사위를 완성하라. 누가 그걸 잊을 수 있을까.
스스로에 빠져 달콤함에 맞서 싸우는
오렌지 모습을. 이제 너희들이 손아귀에 넣었구나.
오렌지는 깜찍한 맛으로 너희들을 맞아들였노라.

오렌지 춤사위를 완성하라. 더 따뜻한 풍경을
너희들 가슴 밖으로 내던져라. 잘 익은 그 과일이
고향의 산들바람 속에서 밝게 빛나도록! 얼굴 붉히며

향기를 한 꺼풀씩 벗겨라. 거부하는 몸짓의
순결한 껍질과 이 행복한 것을 가득 채우는
달콤한 즙과 살갑게 지내도록 하여라.

WARTET..., das schmeckt... Schon ists auf der Flucht.
.... Wenig Musik nur, ein Stampfen, ein Summen —
Mädchen, ihr warmen, Mädchen, ihr stummen,
tanzt den Geschmack der erfahrenen Frucht!

Tanzt die Orange. Wer kann sie vergessen,
wie sie, ertrinkend in sich, sich wehrt
wider ihr Süßsein. Ihr habt sie besessen.
Sie hat sich köstlich zu euch bekehrt.

Tanzt die Orange. Die wärmere Landschaft,
werft sie aus euch, daß die reife erstrahle
in Lüften der Heimat! Erglühte, enthüllt

Düfte um Düfte. Schafft die Verwandtschaft
mit der reinen, sich weigernden Schale,
mit dem Saft, der die Glückliche füllt!

해설

오렌지주스가 지니고 있는 영양이나 미학적 가치에 대한 관심이 부각된다. 소녀들은 오렌지를 먹는다. 이제 춤도 춘다. 오렌지는 그들을 받아들인다. 시를 풍자적으로 이끄는 소화과정이 암시되고 있다. “감각의 다섯 손가락”이나, 축음기 바늘이 두개(頭蓋) 봉합을 연주하는 데 쓰였을지도 모른다는 이론을 전개하는 그의 에세이 『원초의 소리 *Ur-Geräusch*』(SW VI. 1085~1093)가 이와 이해의 뿌리를 같이한다. 2행의 “음악소리는 별로 없고, 발 구름과 흥얼거림뿐”이라는 삽입 절은 Ⅰ부 12소네트의 “온갖 힘들이 쏟아내는 음악 Musik der Kräfte”(9행)과 Ⅰ부 14소네트의 “묵묵한 힘 stumme Kraft”(14행)이 밀착된 내용이다.

『원초의 소리』에서 릴케는 ‘공감각 Synesthesia’의 가능성을 가지고 맛을 소리나 음악으로 전환시킨다. 릴케가 “너희들이 맛본 과일의 그 맛을 춤으로 나타낼거나!”(4행)라고 처녀들에게 지시한 바처럼, “거부하는 몸짓의/순결한 껍질과 이 행복한 것을 가득 채우는/달콤한 즙과 살갑게 지내도록 하여라.”(12~14행)라는 노래로 발전한다. 하지만 황홀한 체험, 즉 삶과 죽음, 자연과 인간의 통일성이 힘찬 리듬으로 노래 불린다.

발레리는 시 「사랑과 춤 L’Ame et la danse」에서 무용수의 동작을 “형태 변경의 순수한 행위”로 표현한다. 무용수는 변용 작용의 상징이다. Ⅰ부 25, Ⅱ부 18소네트와도 깊은 맥을 통하고 있는 시의 감각과 감각성은 실제 과일에서 만난다. 그것이 이브의 사과이든, 솔로몬 왕의 석류이든 신선한 과일에 대해 릴케가 가지고 있는 미각의 기쁨을 보여주고 있는 것인데, 그가 채식주의자였다는 점을 감안할 때 생리적·이념적 토대를 넘어서 힌두의 윤회사상과 매우 가깝다는 주장도 있다.

감정이 실체가 된다. 무용수는 오렌지가 된다. 몸은 육체로부터 분리된 광채로, 물질은 은유로, 동사는 명사로, 명사는 실명사로, 덧없음(무상)은 영구성으로, 시간은 자유로운 존재로 바뀐다. "느끼다 fühlen"라는 동사를 주축으로 ü-, f-와 l 음의 단어 구성이 마지막 3행을 장식하고 있는 것도 의미 깊다.

"춤사위를 완성하라"고 릴케가 노래하는 오렌지
맛과 향기, 그리고 모양이 공감각의
형상화로서 시적 변용의 상징이 된다.

16.

나의 벗이여, 그대는 외로우리. 왜 그런지는 말할 수 없겠지…
우리가 말로, 손가락으로 가리키면서
점점 세상을 우리 것으로 만들고자 하는
아마도 약하고 위험하기 짝이 없는 부분이겠지.

누가 냄새나는 쪽을 손가락으로 가리킬 것인가? —
하지만 우리가 두려워했던 세력들 중에서도
그대는 많은 것을 느낄 수 있으리라 … 죽은 자들도 알고
마법사의 주술에 화들짝 놀라리라.

보라, 이제 우리 함께 견디어 내야 할
조각과 부분을 그것이 결국 전체인 양 다루었으니
그대를 돕는 일은 어려워지리라. 무엇보다도 나를

그대의 가슴에 묻지는 말아다오. 내가 너무 빨리 자랄지 몰라.
하지만 *나의* 주님의 손을 붙잡고 여기, 이 사람은
털가죽을 걸친 에서가 아니냐고 말할지 모르노라.

DU, mein Freund, bist einsam, weil ...
Wir machen mit Worten und Fingerzeigen
uns allmählich die Welt zu eigen,
vielleicht ihren schwächsten, gefährlichsten Teil.

Wer zeigt mit Fingern auf einen Geruch? —
Doch von den Kräften, die uns bedrohten,
fühlst du viele ... Du kennst die Toten,
und du erschrickst vor dem Zauberspruch.

Sieh, nun heißt es zusammen ertragen
Stückwerk und Teile, als sei es das Ganze.
Dir helfen, wird schwer sein. Vor allem: pflanze

mich nicht in dein Herz. Ich wüchse zu schnell.
Doch *meines* Herrn Hand will ich führen und sagen:
Hier. Das ist Esau in seinem Fell.

해설

시가 개를 대상으로 하고 있는 만큼, 『신시집』에 나오는 시 「개 Der Hund」(SW Ⅰ. 641)와 연관해서 읽으면 좋을 것 같다. 특히 제5행은 개가 울타리를 따라 달리면서 오래된 뼈와 담장 기둥을 냄새 맡으며 좋아하는 모습을 그리고 있는데, 그것은 Ⅰ부 15소네트의 "향기를 한 꺼풀씩 Düfte um Düfte"(제12행)의 풍자적인 화법과 연관된다. 행복의 경험은 놀라운 관점을 피하여 우리를 위험에 몰아넣는 힘의 현존 속으로 들어간다. 그리고 이제부터 위협적인 것이 되리라는 경고의 뜻도 담겨 있다.

개에 대한 릴케의 태도는 모호하다. 두이노 성에서 외로운 생활을 보내면서도 개를 갖기를 거부한 그였다. 때로는 개에게 작은 선심을 쓰면서 만족하는 인간을 경멸하기도 했다. 서로 어울리기를 좋아하는 개들의 특성을 긍정적으로 평가하면서도, 지나친 집착성과 의존성을 문제 삼기도 했다. 인간이 도달할 수 없는 냄새를 맡는 놀라운 능력을 지니고는 있지만 인간처럼 그곳을 손가락으로 가리킬 수 없다. 개는 외로움 속에 자기만의 영역을 지니고 있고, 인간의 죽음을 감지할 수 있는 영감을 지닌 동물이다. 릴케는 개의 눈, 그 관찰력을 시적으로 승화시키고 있다.

성경의 한 비유도 제시된다. 고난과 행복을 함께 겪는 인간적인 삶 전체에 참여할 수 있기 위해서 털을 뒤집어쓴 사건을 비중 있게 다룬다. 창세기 제27장에 나오는 이삭의 아들 '에서 Esau'(제

14행)는 야곱의 형. 어머니 리브가는 둘째 아들이 장자권을 얻을 수 있도록 계획을 꾸민다. 어느 날 이삭의 요구대로 사냥의 대상물인 염소새끼를 먼저 구해 별미를 만든 다음, 야곱을 "또 염소새끼의 가죽으로 그 손과 목의 매끈매끈한 곳에 꾸미고"(창세기 제27장 16절)에서의 모습으로 나서게 한다. 그리하여 나이가 많아 눈이 어두운 아버지로부터 "하나님은 하늘의 이슬과 땅의 기름짐이며 풍성한 곡식과 포도주로 네게 주시기를 원하노라"(창세기 제27장 28절)는 축복을 받는다. 제10행은 자연과 인간의 통일성이 해체되고, 동물과 인간세계의 모순을 증거로 제시한다. 이삭의 참된 후예로서 오르페우스의 존재가 부각된다.

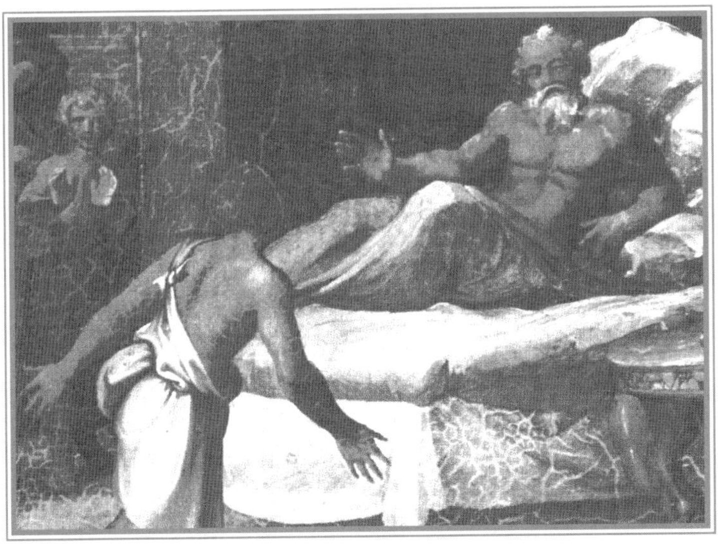

「이삭과 에서 Issac and Esau」(라파엘로)

17.

최초 혼돈의 저 태고 시대
존재 이전의 모든 뿌리
감추어진 채, 숨어 있는 원천
결코 모습을 드러낸 적이 없노라.

헬멧과 사냥꾼 나팔
어르신의 엄한 가르침
형제간 분노 속의 남자들
청아한 류트 소리 같은 여인들…

서로 밀치고 있는 나뭇가지들
어디에도 할 일 없는 것은 없으나…
저기 하나가 있다! 오 올라가라 … 더 올라가라 …

가지들은 여전히 부러져 가고 있지만
가장 높이 있는 이것만이
칠현금이 될 만큼 굽은 모양이라오.

Zu unterst der Alte, verworren,
all der Erbauten
Wurzel, verborgener Born,
den sie nie schauten.

Sturmhelm und Jägerhorn.
Spruch von Ergrauten,
Männer im Bruderzorn,
Frauen wie Lauten...

Drängender Zweig an Zweig,
nirgends ein freier....
Einer! O steig... o steig...

Aber sie brechen noch.
Dieser erst oben doch
biegt sich zur Leier.

해설

저승과 이승, 아래와 위, 어둠과 밝음.... 그런 대립적 현상에 맞춰 앞의 두 4행연은 엇갈려 음운효과를 낸다. 진행 방법이 곧 Ⅰ부 4소네트를 연상시키기도 하는데, 물론 이탈리아와 프랑스 전통에 따른 것이다. 그것은 주 모티브로서 성장, 즉 "밀침 Drängen"(9행)과 "솟아오름 Steigen"(11행), 부 모티브로서 "베푸는 땅"(Ⅰ. 12), 과일의 맛이 "서서히 붙는 것"(Ⅰ. 13), "어둠 속에서 둥근 과일이 억압을 가하는 것"(Ⅰ. 14), "미풍 속에서 밝게 빛나는 것"(Ⅰ. 15), "위험할 정도로 빨리 지나가는 것"(Ⅰ. 16) 등으로 연결된다.

그리고 식물성장의 유기적 관계, 어두움에서 빛으로, 어지러운 뿌리 밑에서부터 "할 일 없는 가지"(10행)로의 변형, 규정된 계보로의 상승 등이 노래의 전제가 된다.

첫 번째 소네트에 유사한 모티브가 나온 적이 있지만, 시인은 여기서 인종과 문화적 배경을 더욱 진지하게 생각하면서 은유적 의미를 더욱 짙게 한다. 그것은 가족 나무로 표현된다. 나뭇가지들은 서로 밀치면서 격한 분쟁을 일으키는 남성으로, 칠현금 악기와 비슷한 모양의 여인으로 비유된다. 시인은 물론 가장 꼭대기 가지이다. 여기에서 사닥다리의 형상은 야곱의 꿈을 암시하고 있다.

소네트는 과거와 현재 사이의 긴장 속에서 변천과 이동과정을, 그 뒤에 오는 일곱 개의 소네트(18～24)의 진전과정도 보여준다.

"태고시대"(1행)가 언급되고, 이제는 "새로운 소리 das Neue"(Ⅰ. 18)에 대해서 질문을 던진다. 칠현금 모티브는 오르페우스에게로 돌아가, Ⅰ부 18소네트의 그릇된 "찬양하려는 전위대"(3행)를 노출시킨다. 그와 대조적으로 현대의 표징인 기계에 대해서 날카롭게 비판한다.

「야곱의 꿈」(마르크 샤갈, 1960~1966, 캔버스에 유채, 195×278cm)
샤갈의 상징성이 돋보이는 깊고 푸른 바다색과 보라색의 조화로 시적인 분위기가 가득 넘친다. 야곱의 환상세계가 잘 묘사되고 있다.

18.

주여, 진동하며 시끄러운
저 새로운 소리가 들리나요?
그것을 찬양하려는 전위대들도
나와서 노래 부르나요.

소리가 뒤범벅이 되어
아무 것도 들을 수 없지만
기계의 부속품들은
이제 칭송을 받으려 하노라.

보시오, 기계가 폭풍처럼
세차게 밀려들어 우리에게 복수하듯
힘을 모두 빼앗아 볼품없이 만드노라.

우리가 그에 힘을 다 내주었으니
얌전하게나 굴도록 하여
좋은 도구로 쓰일 수 있으면 좋겠노라.

HÖRST du das Neue, Herr,
dröhnen und beben?
Kommen Verkündiger,
die es erheben.

Zwar ist kein Hören heil
in dem Durchtobtsein,
doch der Maschinenteil
will jetzt gelobt sein.

Sieh, die Maschine:
wie sie sich wälzt und rächt
und uns entstellt und schwächt.

Hat sie aus uns auch Kraft,
sie, ohne Leidenschaft
treibe und diene.

해설

기술과 신화의 이원론이 지배하는 시대. 문명을 파괴하는 현대의 문턱에서 기계에 대한 고발의 목소리가 높아간다. 신을 무시한 인간의 오만, 기술의 부정적인 힘에 대해 경고한다. 시 전체가 가슴 공간 대 기계 공간의 대립으로 부각된다.

청각적 이미지들이 두드러지게 나타난다. 오르페우스의 칠현금 조화와 기계의 불협화음이 입체적으로 재생된다. 소음을 가득 몰고 와 다른 소리를 전혀 들을 수 없게 하고 있지만, 그런 현실이 찬양된다. 현존재를 섬뜩하게 만드는 기계화 시대에 잘 대처해야 할 과업을 암시한다. "기계의 부속품들은/이제 칭찬을 받으려 하노라"(7~8행)라는 구절은 Ⅰ부 22소네트의 "무한히 질주하는 속에/무한히 날아가는 속에/소년들이여, 만용을 부리지 말라"(3연)와 비교된다.

첫 3행시는 두운법, 접속사의 반복, 기계의 의인화 등으로 표현된다. 그럼에도 불구하고 기계화 이전 시대의 전원적 이상향으로 복귀하자는 것이 아니라, 책임이 있는 기술의 구사가 오히려 촉구된다. 기계화된 시대는 저주의 대상이 아니다. 기계가 파멸의 도구가 아니라, 그것을 인간세계에 예속시켜 유용하게 쓰면 더욱 좋다는 생각이다. 인간도 그 책임에서 예외가 아니라는 입장에서 마지막 어휘들은 명령형으로 이루어지고 있다. 현대적 현실의 한 양상으로 통합되고, 시적인 짜임새로 묶여지면 삶을 제어하는 기능도 넘겨받는다.

릴케는 "진동하며 시끄러운" 기계를 "새로운" 것으로 대두시키며 오르페우스의 관심을 촉구한다. 그것은 "기계가 폭풍처럼/

세차게 밀려들어 우리에게 복수하듯/힘을 모두 빼앗아 볼품없이 만드노라"라는 풍자적인 하소연으로 전해진다. 뮈죶 성 탑을 현대적으로 수리하려 하자 강한 거부감을 표한 그로서는 획기적인 의식전환이 아닐 수 없다.

운율상으로 연결되는 "Durchtobtsein"(6행) - "gelobt sein"(8행), "Herr"(1행) - "Verkündiger"(3행)는 시의 내용을 간결하게 요약해 준다. I 부 22~24, II 부 10소네트들이 같은 카테고리에 속한다.

「오르페우스」(지오바니 바리스타 키먼 다 코넬리아노)

19.

세상이 구름 모양으로
재빨리 바뀌어 가지만
완성된 모든 것은 결국
태고의 그 시절로 되돌아가노라.

흐르며 바뀌는 가운데에서
더 자유로이 더 멀리
그대의 서곡은 더 남아 있으리라
칠현금을 지닌 신이여.

고통도 모르고
사랑도 아직 해보지도 못했으니
죽음 속에 감추어진 것은

모습을 드러내지 않으리.
오직 노래만이 대지 위를 지나
성스럽고 기쁜 노래를 부르리.

WANDELT sich rasch auch die Welt
wie Wolkengestalten,
alles Vollendete fällt
heim zum Uralten.

Über dem Wandel und Gang,
weiter und freier,
währt noch dein Vor-Gesang,
Gott mit der Leier.

Nicht sind die Leiden erkannt,
nicht ist die Liebe gelernt,
und was im Tod uns entfernt,

ist nicht entschleiert.
Einzig das Lied überm Land
heiligt und feiert.

해설

I 부 18소네트에서 "이제 칭송을 받으려 하노라"로 노래하는 기계에게 "우리가 그에 힘을 다 내주었으니"라고 선언하면서 그 실효를 강조한다. 그것은 이 소네트에서 구체적인 체험과 연결된다. 시인의 언어 속에 변천하는 어떤 힘이 내재한다. 사랑하는 자와 일찍 세상을 떠난 자들이 내뱉는 탄원을 신화적인 암어로 변화시켜 말이나 과업과 일치시키고 있다.

첫 연에서 묘사되고 있는 현대 세계의 '힘'은 다음 연에서 오르페우스의 '노래'와 맞선다. 그럼에도 불구하고 시적인 언어는 한계를 지니게 된다. 남아 있는 인간의 문제인 "고통도 모르고/사랑도 아직 해보지도 못했으니/죽음 속에 감추어진 것은//모습을 드러내지 않으리."(9~12행)를 가지고 "태고의" 노래와 맞선다. 그것은 다름 아닌 서곡이며, '태고'나 '원천'과 관계를 맺는다. 현대 세계에서 오르페우스로 형상화된 시인은 줄곧 그치지 않고 자신의 노래를 부른다. 유한성을 극복하고 항구성이 이루어진다. 노래는 자체적으로 계속해서 수행해야 할 과업이며, 현실을 사실성에서 뿐만 아니라, 숨겨진 가능성 속에서 시적으로 지칭한다.

전설적인 오르페우스는 고대 유물이 아니라 현재 활동하고 있는 시인의 심상에 깃들어 있다. 모든 찬양은 그의 『비가』에서 노래하고 있듯이, 닫힌 문을 열 수 있는 열쇠라고 할 수 있다. 세상은 변화무쌍하지만 삶의 진리는 변함이 없다. 노래만이 인간의 과업을 신성하게 하고, 그것들을 찬양할 수 있다. 제기된 중요한 질문은 아름다움이 영원이라는 무서운 존재 앞에서 자신을 잘 유지할 수 있을까 하는 것이다. 유한한 현재에서 파괴의 저주로부터 세계를 구하는 예술이 오르페우스에게 주어진 사명이라고 생각하는 사람이 많다. 이것은 전형적인 게르만 식의 열광과 도취이며, 그런 감정을 고양시키기 위하여 1연과 2연은 상반적 의미를 첨예화시킨다. 영원무궁함 속에서 느끼는 체험들은 현세의 악에 대항하여 최소한 희망을 가질 수 있게 하지만 헛수고일 뿐이라는 사실을 알려준다. 예술은 우리를 위로하여 그런 길에서 벗어나게 한다. 찬양의 과정에서 마력을 행사하는 말 자체가 손상 없이 유지된다.

「오르페우스와 에우리디케」(피셔 Vischer 부자, 1516, 동판화, 16×11cm, 함부르크 예술박물관 소장)

20.

내가 무엇을 바칠 수 있을지, 오, 주여, 말해 주소서
피조물들에게 듣는 법을 가르쳐 주신 당신이 아니던가요?
봄날에 대한 나의 추억
그 저녁, 러시아에서—, 한 마리의 말 …

마을을 지나 백마가 홀로 이쪽으로 와서
그의 털 난 앞발을 절룩거리며
한밤중에 풀밭 위에 혼자 남아서
억센 힘으로 멈춰 서게 될 때마다

  격렬한 감정의 박자에 맞추어 그의 목덜미 위
갈기의 다발은 얼마나 흔들어댔던가.
말의 피는 얼마나 샘처럼 솟아올랐던가!

그가 느끼는 공간, 오 얼마나 광대하던가!
노래 부르다가 귀를 기울였다 — 그의 마음속에
들어 있는 너의 전설들
　　　　　　　　그의 모습 내가 바치노라.

DIR aber, Herr, o was weih ich dir, sag,
der das Ohr den Geschöpfen gelehrt? —
Mein Erinnern an einen Frülingstag,
seinen Abend, in Rußland —, ein Pferd...

Herüber vom Dorf kam der Schimmel allein,
an der vorderen Fessel den Pflock,
um die Nacht auf den Wiesen allein zu sein;
wie schlug seiner Mähne Gelock

  an den Hals im Takte des Übermuts,
bei dem grob gehemmten Galopp.
Wie sprangen die Quellen des Rossebluts!

Der fühlte die Weiten, und ob!
Der sang und der hörte —, dein Sagenkreis
war *in* ihm geschlossen.
                    Sein Bild: ich weih's.

해설

I 부 18과 19소네트가 각기 상이한 도입 방법으로 세계의 간격을 표시한다면, 여기에서는 그에 대한 어떤 결정이 이루어진다고 할 수 있다. 그것이 오르페우스에게 바치는 봉헌물(Ex-voto)이라면 마땅히 그의 태도를 인정하는 것이 된다. 시 전체에는 기쁨이 넘치며, 그런 분위기가 자연의 힘이나 향기로 발산된다. 아폴로와 뮤즈의 영지로 알려진 그리스 중부의 파르나소스 산을 올라가는 모습이 감지된다. 특히 러시아 여행의 체험을 되살리고 있다. 그때 그는 며칠 동안 맨발로 아침이슬을 밟고 다녔고, 신의 품안에서 만난 형제들 같은 농부들과 숙식을 같이 하였다.

4행에서는 당시에 보았던 말을 형상화시키고, 러시아 초원 위의 자신과 루에게 절름거리며 달려온 백마를 기억하며 "그의 모습 내가 바치노라"(14행)고 할 정도로 기쁨과 성스러움의 대상으로 표현된다. 대문호 톨스토이에게도 심각하고 강렬하지 않은, 가벼운 마음으로 다가설 것을 촉구하며 『시도집』의 품위 있는 모습에 접근한다. 릴케는 『비가』를 완성한 직후인 1922년 2월 11일 뮈좃 성에서 쓴 한 편지에서 "오직 환상과 한 가지 일 더하나, … 행복하고 편안한 백마가 발굽 뒤 털로 인해 절름거린다. 우리에게 달려와서, 저녁이 되기 이전에, 볼가 강변 초원에서"라고 묘사하고 있다. 1923년 4월 23일 부인 클라라에게 보낸 편지에서는 1899년과 1900년 러시아 초원에서의 체험을 돌이키면서 "백마가 매력적이 아니오? (…) 결국 잃은 것은 없소"라고 쓰고 있다.

시는 II부 4소네트에 나오는 일각수의 주제와 흥미로운 대조를 이루며, II부 15소네트와 더불어 남성적 단철음의 거센 운을 기조로 한다. "Galopp"(10행)과 "ob"(12행)의 일상어법에 의한 변형이 그 본보기 중의 하나가 된다. 릴케는 그것이 자기 존재 속으로 진입하는 상황을 즐겨 표현하고 있다.

러시아의 볼가 강 전경
"고요히 흘러가는 바다 같은 볼가 강에서 낮과 밤, 수많은 나날을 보내며… 모든 차원의 것들을 배우게 된다."(「슈마르겐도르프의 일기」 중에서)

21.

봄이 다시 왔노라. 대지는
시 구절을 외우는 어린이와 같구나.
오, 헤아릴 수없이 많은 것들을…. 오래 배우노라
애쓴 만큼 마땅한 상이 주어지리라.

스승의 가르침은 엄했노라. 우리가 좋아하던
노인의 수염에 난 그 희끗함
풀빛이나 파란빛이 무어냐고 묻는다 해도
대지는 금방 알아서 시원스레 알려주리라!

한가로이 쉬는 대지여, 행복 넘치는 그대여
기쁨에 겨운 대지여, 이제 아이들과 함께 놀지어다!
우리가 그대를 잡으리라. 진정 행복한 자만이 그럴 수 있으리니.

오, 대지가 받은 스승의 가르침, 수많은 것들
뿌리 속, 길게 뒤엉킨 줄기들 속에
새겨진 것: 대지는 그걸 노래하리라, 노래하리라.

FRÜHLING ist wiedergekommen. Die Erde
ist wie ein Kind, das Gedichte weiß;
viele, o viele ... Für die Beschwerde
langen Lernens bekommt sie den Preis.

Streng war ihr Lehrer. Wir mochten das Weiße
an dem Barte des alten Manns.
Nun, wie das Grüne, das Blaue heiße,
dürfen wir fragen: sie kanns, sie kanns!

Erde, die frei hat, du glückliche, spiele
nun mit den Kindern. Wir wollen dich fangen,
fröhliche Erde. Dem Frohsten gelingts.

O, was der Lehrer sie lehrte, das Viele,
und was gedruckt steht in Wurzeln und langen
schwierigen Stämmen: sie singts, sie singts!

해설

독일 낭만주의의 봄노래가 연상된다. 계절의 즐거움이 피부에 와 닿고, 대지가 내면으로부터, 자신의 행복한 마음 중심으로부터 펼쳐진다. 실제로 릴케가 스페인 남부도시 론다의 작은 교회에서 탬버린과 트라이앵글에 맞춰 노래 부르던 때가 회상된다. 그곳 체험들에 대해서 릴케는 "짤막한 시는 나에게 … 수도원에서 들려오는 어린이들의 아름다운 무도곡에 대한 해설을 듣는 듯하다."라고 기록한 적이 있다. 언어 구사 면에서 영특하면서도 마음이 성급한 어린이의 정서를 부각시킨다.

2연은 어린이다운 순진함으로 능력의 조동사 'mögen'과 'können'이 중심을 이룬다. 전체는 직접적인 감각 인상으로서의 세계상, 즉 중립적인 색채와 영상으로 재현된다. 천진난만한 어린이들에 대한 회상을 통하여 워즈워스의 시 세계에 들어서는 느낌을 갖게 한다. 이 점에 있어서 Ⅱ부 25소네트와 유사하며, 시간적인 연속의 과정이 눈에 띄어 "봄 - 어린이 - 노래"를 통해 23소네트와도 연결된다. 어린이와 대지, 학교와 봄, 존재와 의미, 대상과 비유 같은 것들이 릴케에게 있어서는 서로 분리되지 않으므로 '형태'와 '은유'가 항상 하나로 모인다.

릴케는 1922년 2월 7일 베라의 어머니에게 "『소네트』가 언제라도 출판된다면 두세 편 정도는 제가 이미 보아온 대로, 혹시 물길(예 21편)을 위한 도랑으로 쓰이거나, 아니면 그냥 지나쳐 무용지물이 될지도 모르겠습니다."라는 내용의 편지를 보낸다. 이틀 후 계속되는 글에서는 "21소네트를 생각하면 마음이 불편하기 짝이 없습니다. '전달행위'가 이루어지는 텅 빈 것. ('O das Neue, Freunde, ist nicht dies')…, 거기에 곧 아이의 봄노래를 붙이십시오. 오늘 쓰인 채 전체의 소리를 풍요롭게 하고 불편하지 않게 서 있는 것. 백마에게 주어지는 것을. 맞은편 장식물처럼…"이라고도 쓴다.

오르페우스에게 드리는 봉헌시에 속한다. 특히 『제7비가』의 "이승에 존재함은 멋지도다 Hiersein ist herrlich"라는 사상이 시의 모티브를 이룬다. 그러나 시적 형상화면에서는 훨씬 느슨해져서 전체의 정감을 파악하기 쉽지 않지만, 자연은 긴 인내의 성장 가운데 스스로 모습을 나타낸다. 자체의 산물을 "뿌리"(13행), "길게 뒤엉킨 줄기"(13행)와 "오랜 배움"(4행)의 토대가 된 땅과 연결시킨다.

시인 릴케의 시야를 넓혀 준 스페인 론다

22.

우리는 떠도는 존재
그러나 시간의 발걸음
그것을 영원한 머무름 속의
하찮은 것으로 여기노라.

급히 가려고 하는 것들은 모두
곧 사라져 버리려니
머무는 것만이 우리를
귀히 보듬어 주리라.

무한히 질주하는 속에
무한히 날아가는 속에
소년들이여, 만용을 부리지 말라.

어둠과 밝음
꽃과 책
모두가 조용하도다.

WIR sind die Treibenden.
Aber den Schritt der Zeit,
nehmt ihn als Kleinigkeit
im immer Bleibenden.

Alles das Eilende
wird schon vorüber sein;
denn das Verweilende
erst weiht uns ein.

Knaben, o werft den Mut
nicht in die Schnelligkeit,
nicht in den Flugversuch.

Alles ist ausgeruht:
Dunkel und Helligkeit,
Blume und Buch.

해설

빠른 시간의 흐름 속에서 한없이 떠도는 인간 존재가 조명된다. 시의 전 · 후반부 사이에는 각각 움직임과 평온, 시간과 영원성, 변화와 지속 사이의 대립이 형성된다. 두 개의 4행시는 문장론상으로 통일성을 유지하고 있으며, 짧지만 완전문장으로 구성되어 있다. 네 개의 명사화된 현재분사형이 중심을 이루며 평온과 정체성('Bleibenden', 'Verweilenden')과 움직임과 역동성('Treibenden', 'Eilenden')으로 대립된다. 그것은 3행시에서 움직임을 나타내는 "질주"(10행)와 "날아감"(11행), 역동성을 강화시키는 동사 "던져버리다 werfen"(9행)와 맞물린다.

"소년"의 이미지도 분주하게 행동하지만 안정감이 없는 인물상으로서 보조적인 역할을 한다. 둘째 3행시는 움직임과 평온, 밝음과 어두움, 낮과 밤, 긍정과 부정, 의식과 무의식, 자연과 정신, 구체와 추상, 감각적인 것과 초감각적인 것, 생성되는 것과 존재하는 것 등이 대립하면서 평온 감각을 추구한다. "모든 것이 조용하다/어둠과 밝음/꽃과 책"에서 '조용함'과 마(魔)적인 형식 '꽃과 책'은 화합의 상태에서 삶의 이율배반(모순)까지도 희석시킨다. 현존재에 대한 새로운 찬양자는 여기에서도 열망하는 대상인 "중심"을 발견한다. 거기에는 정적이 깃들어 있어 인간적인 이해와 사물의 차원 높은 연관성이 이루어진다.

시는 가장 짜임새 있고 완성도가 높은 소네트로 평가된다. 내용이 아주 소박하고 균형이 잡혀 있다. 기본 율격은 닥틸루스, 과학기술문명의 발달에 대한 지나친 낙관주의를 경계한다. 인간에게, 특히 철없는 소년에게 시간(속도)과 거리(날아감)를 정복한다는 생각에 도취되어 만용을 부리는 일이 없도록 절제와 겸손을 가르친다.

릴케가 1904년 루브르 박물관과 나폴리 국립박물관에서 본 그리스 오르페우스 부조

"…불현듯
신이 그녀를 품어 안고 고통스레 외치며
그가 방향을 되돌렸노라고 말했을 때
그녀는 영문도 모른 채 가만히 "누가요?"라고 물었네."
(시 「오르페우스, 에우리디케, 헤르메스」 중에서)

23.

오, 하늘을 나는 일이
자기만을 위해서가 아니어서
하늘의 적막 속으로 올라가서도
비로소 스스로의 기꺼움에 젖지 않으며

더 이상 환한 모양새를 갖추고
바람이 좋아하는 가락을
연주하는 도구가 되어
안정된 모습으로 가뿐하게 돌지 못하리, —

  어디로 갈까 하는 그런 생각만이
성장하는 기계들의 풋풋한 자만심을
비로소 넘어설 때에만

저 먼 거리에 다가간 그가
갑자기 얻은 이득에 겨워
외로이 날던 그 모습으로 *존재하리라.*

O ERST *dann*, wenn der Flug
nicht mehr um seinetwillen
wird in die Himmelsstillen
steigen, sich selber genug,

um in lichten Profilen,
als das Gerät, das gelang,
Liebling der Winde zu spielen,
sicher schwenkend und schlank, —

erst, wenn ein reines Wohin
wachsender Apparate
Knabenstolz überwiegt,

wird, überstürzt von Gewinn,
jener den Fernen Genahte
sein, was er einsam erfliegt.

해설

과학기술의 본보기로서 제시된 비행 모티브를 중심으로 날로 발전을 거듭하는 기술력이 오르페우스 자신의 변천양상하에서 관찰된다.

숨죽이며 순종하는 수동적 행위 대신, 나중에 "최소한 정기적으로"라는 말이 첨가되었다. 릴케는 그에 대한 사본을 1922년 3월 18일 크노프 부인에게 보냈다. "스스로의 기꺼움에 젖지 않으며"(4행), "성장하는 기계들의/풋풋한 자만심을"(10~11행)을 염려하고, 그것을 "비로소 넘어설 때에만"(11행) 기계의 참의미에 다가설 수 있다고 확인한다. 성취의 의미를 담고 있는 "gelang"(6행)과 유연한 움직임을 나타내는 "schlank"(8행)가 동일운으로 맞추어진 것에는 깊은 의미가 담겨 있다.

기술의 경지에 도달하지만 나태와 방임, 또는 욕심의 상태에서 벗어나 야위고 날씬한 절제의 모습을 잃지 말아야 하겠다는 경고의 목소리가 높다.

새로운 과학기술의 첨단 비행기
기계는 새로운 생활 향상을 위해 만들어지지만
정신문화의 위축을 염려하는 대상이 되기도 한다.

24.

우리는 우리의 태곳적 우정을, 결코 사랑을 요구한 적이 없는
위대한 신들을, 우리가 너무 엄격히 다듬었던 까닭에 견고해진
강철이 그들을 알아보지 못한다고 해서 버려야 할 것인가.
아니면 금방이라도 그것들을 지도상에서 찾아다녀야만 할까?

죽은 자를 우리에게서 데리고 간 이 힘센 친구들이
어디에서도 우리의 바퀴들을 건드리지 않으리라. 우리의 성찬과
우리의 목욕실들을 멀리 옮겨다 놓았다 —, 그들의 사신들이
우리에게는 너무 오래전부터 느리게 여겨진 탓에

우리는 항상 앞지르곤 했노라. 이제 서로 더 홀로 서서
서로 못 본 체하면서, 전적으로 의존하면서
우리는 아름다운 곡류천이 있는 오솔길로가 아니라

곧은길로만 가노라. 오직 증기기관에서만 타고 있는
옛날의 불길, 들어 올리는 망치소리 점점 커지나
헤엄치는 사람처럼 힘은 갈수록 빠지노라.

SOLLEN wir unsere uralte Freundschaft, die großen
niemals werbenden Götter, weil sie der harte
Stahl, den wir streng erzogen, nicht kennt, verstoßen
oder sie plötzlich suchen auf einer Karte?

Diese gewaltigen Freunde, die uns die Toten
nehmen, rühren nirgends an unere Räder.
Unsere Gastmähler haben wir weit-, unsere Bäder,
fortgerückt, und ihre uns lang schon zu langsamen Boten

überholen wir immer. Einsamer nun aufeinander
ganz angewiesen, ohne einander zu kennen,
führen wir nicht mehr die Pfade als schöne Mäander,

sondern als Grade. Nur noch in Dampfkesseln brennen
die einstigen Feuer und heben die Hämmer, die immer
größern. Wir aber nehmen an Kraft ab, wie Schwimmer.

해설

22~24소네트가 하나의 시리즈를 형성한다. 숨가쁜 기계문명의 시스템과 젊은 세대에 대한 신랄한 경고가 이루어진다. 23소네트에 나오는 "환한 옆모습"(5행)과 "성장하는 기계들"(10행)은 이데올로기 문제를 제기하고 있다. 또한 시에서 "우리가 너무 엄격히 다듬었던 까닭에 견고해진/강철이 그들을 알아보지 못한다고 해서"(2~3행)라고 스스로를 향해 던져진 질문은 현대 문명에 대한 비판을 전제로 삼는다.

빠르게 움직이고 있는 것들은 모두가 시간에 얽매이기에 영속적일 수가 없다. 무상함에 대한 인식과 그에 대한 가장 핵심적인 질문은 기계 때문에 신을 저버린 인간의 장래는 어떻게 될 것인가이다. 현대인은 너무나 각박한 시간의 틀 속에 갇혀 있다. 신은 물론, 이웃과의 참다운 관계조차 모두 잃었다. 곡류천(曲流川) 또는 사행천(蛇行川)이란 뜻의 'Mäander'는 '연달아 aufeinander'와 운율이 맞춰지고 있다. 길에 관한 한, 지중해 해안을 밀라노와 토리노 사이의 찻길을 따라가는 매력과 견주어 볼 수 있다.

첫 연부터 커다란 곡선을 이루며 옛것과 새것 사이의 균열을 보여준다. 불은 인간이 신에게 도달하려는 하나의 염원이자 실질적인 도구가 되었다. 위험 속에 처해 있는 현대인에 대한 진단은 "헤엄치는 사람처럼 우리는 갈수록 힘이 빠진다"(14행)는 체념조일 수밖에 없다. 신의 세계에서 멀어짐은 곧 무미건조함이다.

「지하에서 돌아온 오르페우스」(윌리엄 블레이크 리치몬드)

25.

그대를 하지만 나는 이제, 내가 알고 있었던 *그대를*
내게 이름이 잊혀져, 더 이상 알 수 없을 한 송이의 꽃처럼
한 번 더 회상하고, 그들에게 보여주리라.
극복할 길 없는 외침의 아름다운 동반자

춤추는 여인은 먼저, 광맥 속에 젊음을 퍼붓듯
망설임 가득한 모습으로 갑자기 멈춰 선 채
슬픔에 젖어 귀를 기울일 때 —. 지극히 높은 전능자로부터
음악이 그녀의 변한 가슴속으로 떨어졌노라.

병마가 가까이 왔노라. 이미 그림자가 짙게 드리워
더욱 어둡게 밀려든 피, 의심도 오래 깃들 수 없는 듯
그의 자연스런 봄 속에 밀려들었노라.

끊임없이 어둠과 재난에 가로 막히기는 했어도
이승의 모습으로 반짝였다. 너무나도 두근거리다가
그것은 끝내 활짝 열린 문으로 들어가고 말았노라.

Dich aber will ich nun, *Dich*, die ich kannte
wie eine Blume, von der ich den Namen nicht weiß,
noch *ein* Mal erinnern und ihnen zeigen, Entwandte,
schöne Gespielin des unüberwindlichen Schrei's.

Tänzerin erst, die plötzlich, den Körper voll Zögern,
anhielt, als göß man ihr Jungsein in Erz;
trauernd und lauschend-. Da, von den hohen Vermögern
fiel ihr Musik in das veränderte Herz.

Nah war die Krankheit. Schon von den Schatten
bemächtigt,
drängte verdunkelt das Blut, doch, wie flüchtig
verdächtigt,
trieb es in seinen natürlichen Frühling hervor.

Wieder und wieder, von Dunkel und Sturz unterbrochen,
glänzte es irdisch. Bis es nach schrecklichem Pochen
trat in das trostlos offene Tor.

해설

I 부 15, II 부 18소네트와 비교된다. II 부 28소네트와는 상대적 보완관계를 이룬다. 특히 26소네트와는 개인적, 신화적 사건과의 상관성을 높이기 위하여 대립적인 성격을 띤다.

시의 서두 "Dich aber..."와 26소네트의 "Du aber..."는 같은 찬양의 형식을 죽음의 테마와 연결시키는 공통점을 지닌다. 비극적으로 죽은 베라를 기리기 위하여 가수이자 신인 오르페우스의 잔인스런 죽음을 대조시킨다. 개인과 신화의 접목이다. 여기서 강조하는 것은 죽음의 거부가 아니라, 삶에의 통합이다. 베라의 완성된 죽음의 춤 속에 존재의식이 가득하다. 오르페우스의 죽음은 새로워지기 위한 기원이기도 하다.

두 번째 4행시와 두 개의 3행시는 시적인 형상들을 통하여 전기적 자료를 제시하고 있다. 거기에는 베라의 음악과 춤, 젊음과 질병 등에 관련된 정보가 담겨 있다. 마지막 절은 베라의 죽음을 암시하는 것으로 끝난다. 어둠과 빛의 대조가 지배적이다. 그녀가 "위로할 길 없는 열린 문"으로 들어가면서 "이제 춤을 추어야겠어요!"라고 짤막하게 외친다. 그것은 영원히 열린 죽음의 문이 아닌가.

더 이상 춤을 출 수 없는 베라에게 시를 쓴다. II 부 18소네트나 시 「스페인 무희」에서 춤꾼에 의하여 이루어진 나무의 동작이 구리 형상으로 옮겨진다. 신들의 어두운 음악, 여전히 우리를 삶으로부터 데려갈 만한 힘을 지니고 있었음에도 그녀를 조각 작품의 기억으로 고정시켰다. 6행의 주제는 소녀가 아니라 생명(가슴, 피)이다. 시인은 육체로부터 벗어난 피를 만든다. 그것은 시끄러운, 아주 초감각적인 것이다.

정열적인 플라멩코를 추는 스페인 무희 그림 「플라멩코 무희」(아더 캄프 Arthur Kampf, 1864~1950, 유화, 196×155cm, 개인소장) 모로코·이집트·인도·파키스탄·그리스 등의 다양하고 즉흥적인 음악적 요소가 15세기 집시들에 의해 스페인 남부지방에 정착, 유대·가톨릭의 문화가 토착음악과 융화하면서 안달루시아의 음악으로 뿌리내렸다.

26.

하지만 신성한 그대여, 세상 마지막 날까지 노랫소리 울리시어
무시당한 주신(酒神)들의 정염이 들끓는 중에도
그들의 울부짖음을 질서로 눌러 준, 그대 아름다운 신이여.
파괴자들을 물리치고 우뚝 솟은 당신의 가슴 적시는 음악이여.

그대의 머리와 칠현금을 부술 수 있는 자는 아무도 없었으련만
그들은 몸을 부딪치며 크게 다투었다. 그리고 그대를 겨눈
날카로운 돌들 모두가 네 몸에 닿을수록
부드러워지더니 새로이 소리를 들을 수 있게 되었노라.

마침내 복수의 감정에 휘말린 그들이 그대를 부수고 찢었을 때
암벽들과 사자들 속에서, 아니면 나무와 새들 속에서 머물던
울림소리. 거기서 그대는 지금껏 노래 부르고 있노라.

오, 그대, 잃어버린 신이여! 그대 끝없는 흔적이여!
적대감이 마침내 그대를 잡아 찢어 갈라놓았기에
우리는 오직 이제 듣는 자들이며, 자연의 입이 되었노라.

Du aber, Göttlicher, du, bis zuletzt noch Ertöner,
da ihn der Schwarm der verschmähten Mänaden befiel,
hast ihr Geschrei übertönt mit Ordnung, du Schöner,
aus den zerstörenden stieg dein erbauendes Spiel.

Keine war da, daß sie Haupt dir und Leier zerstör.
Wie sie auch rangen und rasten, und alle die scharfen
Steine, die sie nach deinem Herzen warfen,
wurden zu Sanftem an dir und begabt mit Gehör.

Schließlich zerschlugen sie dich, von der Rache gehetzt,
während dein Klang noch in Löwen und Felsen verweilte
und in den Bäumen und Vögeln. Dort singst du noch jetzt.

O du verlorener Gott! Du unendliche Spur!
Nur weil dich reißend zuletzt die Feindschaft verteilte,
sind wir die Hörende jetzt und ein Mund der Natur.

해설

오르페우스가 디오니소스를 수행하는 여인들에 의하여 잔인스레 죽임을 당한다. 자기들에게 너무나 냉담하고 무관심했던 데 대한 보복으로 트라키아 여인들은 디오니소스 축제에서 그를 갈래갈래 찢어서 내동댕이친다. 머리와 칠현금은 헤브로스 강으로 던져지고, 그의 몸은 레스보스 해변으로 운반된다.

신화적 내용이 보고 형식으로 서술되고, 찬가적인 외침이 그와 대조를 이룬다. '질서', '파괴', '활동성'이 강조된다. 찬가풍의 톤은 "너(그대)"를 향하고 3인칭의 "그"로 지칭된다. Ⅰ부의 1소네트와는 달리, 처음 세 개 연은 신화적 이야기, 2연에는 "머리"와 "칠현금"이 파괴될 수 없음이 강조된다. 3연에서는 그것을 완전히 "부수고 찢는다." 나무가 신화적인 과거의 중재자이자 오르페우스 노래의 원천으로 존재한다.

마지막 연은 종합이자 결말로서 그 자신이 "끝없는 흔적"(12행)을 남긴다. 겹치는 찬가풍의 외침은 '파괴'와 '활동성'의 상보관계로서 소네트의 내용과 구조의 기틀이 된다. 오르페우스 전설의 테두리 안에서 죽은 무용수를 사제로 여긴다. 거의 후렴의 형태로 반복되는 노래하는 그의 모습(11행)은 불안과 계략의 표현을 넘어서 4행에서처럼 공개적인 잔인한 힘으로 바뀐다.

주인공의 죽음은 희생적 크리스천 이념이다. 어느 구원자처럼, 오르페우스는 그의 신성이 성경의 12사도 중 의심이 많은 도마에게 유효할 뿐만 아니라, 고대 이집트 신 오우자어리스의 운명, 아도니스, 인디언의 풍요의 신들, 그리고 예수의 운명을 기억나게 한다.

오르페우스는 사원을 짓는다. 1행의 시간적 부사 "zuletzt"는 11행의 "jetzt"와 동일 시행 안의 운(韻)으로서 시간적인 규정으로 일치되어 시작과 종결을 변증법적으로 반영시킨다. 그는 죽음 이후에 자연으로 갈라져 거기에 소리를 부여한다. 아폴로 예술의 제자들은 "노래는 열정이 아니다." 오르페우스는 디오니소스 주신의 미움을 받아 신경질적으로 소리를 지르면서 무정부주의적인 토대에서 고전주의적 전통의 정돈된 음악을 무너뜨리려고 한다. 그러나 후자는 오르페우스의 노래가 자연을 통해 들려오기 때문에 승리한다.

릴케는 언젠가 「제10비가」의 상황 중에 머리와 칠현금을 부각시키려고 생각한 적이 있다고 하는데, 이를 위해 떠다니는 머리의 음침한 그림을 그린 사람은 프랑스의 화가 레동 Odilon Redon (1840~1916)이었던 것으로 판단된다. 그는 말라르메 등 상징주의 시인들과 가까이 접촉하면서 환상적인 꿈의 세계를 마음껏 그렸다.

기독교적인 이원성은 오르페우스의 두 가지 기능, 삶과 죽음으로 표현된다. 죽음이 인간에게는 '굴욕'이요, 죄에 대해서는 '속죄'로 통하는 기독교 신앙과는 달리, 이렇게 오직 노래하는 존재에게는 죽음이란 없다. 그러므로 오르페우스는 공격을 받아도 입에서는 음악이 흘러나오고 칠현금소리가 울려 퍼진다.

마지막 연에서 일인칭 복수 "wir"가 사용되면서 다시 나무 모티브가 등장하고 "들음"이 강조된다. 듣는 자는 더 이상 신화적 전설의 동물이 아니라 "우리는 오직 이제 듣는 자들"(14행)이라는 확인이 이루어진 지금, 여기의 우리다. 그리하여 「제1비가」의 한 구절 "들어라, 나의 마음이여, 지금까지는 오직/성자들만이 들었던 것처럼"(SW Ⅰ. 687)이 상기된다. 그것은 특별한 들음, 즉 "경외감 속의 들음 ein Hören in Ehrfurcht"이다.

그리스 후기 고전주의 문화와 연관하여 오르페우스가 질서와 미를 끌어들인 것으로 여겨진다. 그것은 통합적인 요소로서, 눈에 보이는 사물들 속에 잠재해 있으면서 끊임없이 깨어날 수 있다. 그렇게 "적대감이 마침내 그대를 잡아 찢어 갈라놓았기에/우리는 오직 이제 듣는 자들이며, 자연의 입이 되었노라"(13~14행)고 하여, 오르페우스는 세상의 고유한 변천 능력을 위한 신화적인 이름이 된다.

Sonette an Orpheus

II부

1.

숨결이여, 그대 보이지 않는 시여
우리의 존재와 순수하게 바뀌어 가며
끊임없이 다가서는 세계 공간, 평형이여
그 속에서 나의 가락이 울려 퍼지노라.

오로지 단 하나의 물결
그것이 점점 퍼져 나는 바다가 되노라.
세상의 모든 바다 중에서 가장 아껴 만든 그대—
힘겹게 차지한 공간이여.

공간들 가운데 얼마나 많은 부분이
내 안에 이미 자리하고 있었던가.
수많은 바람은 내 자식 같아라.

내가 있던 자리에 가득한 대기여, 그대는 나를 알겠는가?
그대는, 언젠가 내가 했던 말들의
매끄러운 껍질, 나무기둥, 그리고 잎새였노라.

ATMEN, du unsichtbares Gedicht!
Immerfort um das eigne
Sein rein eingetauschter Weltraum. Gegengewicht,
in dem ich mich rhythmisch ereigne.

Einzige Welle, deren
allmähliches Meer ich bin;
sparsamstes du von allen möglichen Meeren, —
Raumgewinn.

Wie viele von diesen Stellen der Räume waren schon
innen in mir. Manche Winde
sind wie mein Sohn.

Erkennst du mich, Luft, du, voll noch einst meiniger
Du, einmal glatte Rinde, [Orte?
Rundung und Blatt meiner Worte.

해설

Ⅰ부의 마지막 소네트와 일정한 거리감을 유지한 채 얌부스의 자유리듬으로 설정된 노래. Ⅰ부 26소네트에서는 닥틸루스 율격을 해체시켰고, 시행의 박자수도 두 개(8행)에서 여섯 개(12행) 사이를 넘나든다. 이미지 구사가 특이하며 쓰인 암호도 상당히 느슨해 있다. 그럼에도 불구하고 첫 행의 "숨결이여, 그대 보이지 않는 시여"는 찬가이자 비가풍의 외침으로서 Ⅰ부 26소네트의 "그대 끝없는 흔적이여"에 연관된다. 주 모티브로 "자기 존재" - "세계 공간"(1연), "단 하나의 물결" - "점점 퍼져나는 바다"(2연), "내 안에" - "공간들 가운데 많은 부분" 또는 "수많은 바람"(3연), "내가 있던 자리에" - "대기"(4연)가 대립적으로 전면에 나오고, '숨결'이 그 교환 과정을 표현한다.

내면 공간을 떠난 우주의 '바람'은 그와 상관없이 "내가 있었던 자리"에 머문다. 그것이 "자기 자신의" 호흡을 지니고 있기 때문이다. 1행에서 노래하듯, 호흡은 언어 가능성의 조건이자 표현의 수단이다. 마지막 연에서는 '공기'와 '나무'가 '환유(換喩) metonymien' 현상을 통하여 동질화된다. "고유한 존재"는 "우주" 속에서 사라지고 동시에 그것은 "물결"(5행)이 "바다"(6행)로, "바람"(10행)이 "자식"(11행)으로 확장된다. 자주 나오는 시간부사 "immerfort"(2행), "allmählich(es)"(6행), "einst"(12행), "einmal"(13행), 현재동사 "ereigne"(4행), "bin"(6행), "sind"(11행), 과거동사 "waren"(9행) 이외에 7~8행과 13~14행에서 각기 동사가 탈락되고, 과거·현재·미래가 서로 내적으로 뒤섞인다.

오르페우스가 자연과의 자아일치를 위하여 해체 과정을 겪는다면, 릴케는 자신의 숨결과 공간 사이의 관계에 관심을 쏟는다. 그는 점령함으로써 공간을 창조하고, 호흡함으로써 바람을 만든다. 그리고 대기는 그가 하는 말에 형태를 부여한다. 대기, 바람, 숨결, 입김 등 호흡은 우주 삼라만상과 교류할 수 있는 생명의 통로이다. 인간의 입장에서 볼 때, 외부 공간이지만 일단 인간의 몸 안에 들어가면 우주를 안은 내면 공간이요, 보이지 않는 세계이지만, 인간의 숨결로 되돌아 나갈 때에는 눈에 보이는 외부 공간이 된다. 따라서 '끊임없이 자신의 존재를 얻으려고' 바꾼 "우주", 즉 "평형"이 된다. 이는 저절로 이루어지는 것이 아니라 자기 자식같이 여겨지는 "바람"(11행)이 외부 세계인 동시에 인간의 내면에 가득해지면서 시의 공간으로 변용되거나 반대이기도 하다. 그것을 릴케는 시의 본질로 삼는다. 그러므로 어느 한 방향으로 날아가는 것이 아니라 끊임없이 교류한다. 리듬에 입각한 끊임없는 변용과 승화 속에 있다. 오르페우스는 삶과 죽음의 세계를 넘나들면서 줄곧 변용하고 초월하는 존재이니 그가 부르는 노래도 이 두 영역을 자유롭게 날아드는 바람과 같다. 세상 어느 곳에 존재하는 가락이다.

시는 Ⅰ부 1소네트의 '들음의 나무'와 유사하다. 대기가 말의 나무껍질과 나뭇잎을 만든다. 그것은 노래의 신과 스스로를 동질시하는, 아마도 여기에 노래를 부르고 있는 릴케/오르페우스일 것이다. 두 시는 동일한 계획하에 설정되었다고도 할 수 있다. 대기의 바다는 『파우스트』의 지령(地靈)이 "태어남과 죽음은/영원한 바다/끝없이 오가며 짜이는/ 작렬하는 생명"이라고 부른 노래나, 발레리의 시 『해변의 묘지』의 바다 이미지를 연상하는 사람도 있다.

2.

손 가까이 있는 종이 한 장까지도
이따금 *진정한* 명인의 손길을 타듯이
거울들은 종종 자기 몸속에
아침에 일어나 무언가 해보려고 하는 소녀들의

비길 데 없는 축복을 받은 미소를, 홀로 —
아니면 함께 비취는 촛불의 빛살 속에 품고 있다.
그리고는 그들의 참얼굴 속에 깃든 숨결 속으로 들어가
나중에는, 오로지 단 한 줄기의 되비침만이 떨어지노라.

언젠가 보았던 것은 오래 타 검게 그을며
난로바닥에서 서서히 식어가고 있는 것.
삶의 눈길, 영원히 상실된 것.

아, 누가 땅의 손실들을 알아볼까?
그럼에도 불구하고 칭송을 그치지 않는 자만이
전체 속으로 태어난 가슴을 노래할 수 있으리.

So wird dem Meister manchmal das eilig
nähere Blatt den *wirklichen* Strich
abnimmt: so nehmen oft Spiegel das heilig
einzige Lächeln der Mädchen in sich,

wenn sie den Morgen erproben, allein, —
oder im Glanze der dienenden Lichter.
Und in das Atmen der echten Gesichter,
später, fällt nur ein Widerschein.

Was haben Augen einst ins umrußte
lange Verglühn der Kamine geschaut:
Blicke des Lebens, für immer verlorne.

Ach, der Erde, wer kennt die Verluste?
Nur, wer mit dennoch preisendem Laut
sänge das Herz, das ins Ganze geborne.

해설

시는 역동적인 상호관계를 보여주는 테마들을 활용하면서 조용한 상대자를 뚜렷이 드러낸다. “명인”, “종이 한 장”, “소녀”, “거울”, “눈”, “난로” 등이 그에 해당된다. 계속해서 ‘상실’에 대한 물음이 제기된다. 신 자신도 삶을 잃어가고 있는데 인간에게는 그것이 당연하지 않겠는가. 여기에 세 가지 보기가 있다.

화가의 맑고 깨끗한 붓질이 솔을 건드리는 성급한 이파리의 방해로 걸작을 만들어내지 못한다. 거울 속 소녀들의 복된 미소는 그들의 참된 얼굴 속에서 되비친다.

첫 연에서는 검은 벽난로가 모습을 잃어가는 과정이 노래 불린다. 이런 영원한 상실에도 불구하고 시인은 찬양하고, 더욱 깊은 이해로 들어선다. 모름지기 무엇을 얻기 위해서 잃어야 한다. 이처럼 고난에도 불구하고 찬양이 필요하다 함이 『소네트』와 『비가』의 지속적인 주제이다.

“아, 누가 땅의 손실들을 알아볼까?”(12행)라는 구절에서 알 수 있듯이, 문법적인 원칙에 따른 어순을 무시하고 의미상 중요한 것을 과감하게 앞으로 내세우고 있는 점도 시의 특징이라 할 수 있다. 가수 오르페우스는 “전체 속으로 태어난 가슴을” 기린다. “umrußte”(9행)와 “Verluste”(12행)가 운율상 일치하는 것도 상관성을 보여주는 열쇠이다.

「오르페우스의 죽음」(알브레히트 뒤러, 1494, 펜 그림, 289×225cm, 함부르크 쿤스트할레 소장)

3.

거울이여, 그대들의 본체가 무엇인지를
알고 있으면서도 지금까지 아무도 말하지 못했으리.
체의 구멍으로 들어가듯, 가득 채워진
그대들, 시간의 틈새들이여.

그대들, 아직 텅 빈 홀의 낭비자여—,
날이 어두워지면, 숲들처럼 멀리 있는 …
그리고 열여섯 뿔의 사슴 같은 샹들리에
아무도 다닐 수 없는 길을 너희는 꿰뚫고 지나가누나.

때로는 너희들은 그림으로 가득 차 있다.
몇몇은 너희들 *안에* 들어가 빛을 발하고 있다—,
다른 것들은 너희들을 꺼리며 지나가노라.

그러나 가장 아름다운 것은 남아 있으리라.
저 너머 그녀의 야윈 뺨 속으로 나르시스가
묶이지 않는 맑은 모습으로 마침내 제 길을 서두를 때까지.

SPIEGEL : noch nie hat man wissend beschrieben,
was ihr in euerem Wesen seid.
Ihr, wie mit lauter Löchern von Sieben
erfüllten Zwischenräume der Zeit.

Ihr, noch des leeren Saales Verschwender —,
wenn es dämmert, wie Wälder weit...
Und der Lüster geht wie ein Sechzehn-Ender[1)]
durch eure Unbetretbarkeit.

Manchmal seid ihr voll Malerei.
Einige scheinen *in* euch gegangen —,
andere schicket ihr scheu vorbei.

Aber die Schönste wird bleiben —, bis
drüben in ihre enthaltenen Wangen
eindrang der klare gelöste Narziß.

1) 16개의 가지진 뿔을 가진 수사슴.

해설

앞의 시에서 제기된 질문이 좀 더 예리하게 표현되고, 그 본보기로 거울 모티브가 나타난다. 그것은 "체의 구멍으로 들어가듯, 가득 채워진/너희들, 시간의 틈새들이여"(3~4행)에서처럼 '변천'의 장소로서 예술과 자연의 상호관계를 표시한다. 창조하는 주체는 사물의 거울로서 작용된다. 체와 같이 거울은 구멍들로 가득 차 있다. 그 어느 것도 지나가 반사하지 않는 그런 시간의 구멍들이다.

두 번째 4행시는 현존과 부재의 상보적 긴장관계를 보여준다. "시간의 틈새"인 현실에 헌신함으로써 얻게 되는 다른 시간과 공간의 경험이 상기된다. '틈새'는 '거울'이다. 그것은 긍정과 부정, 비현실과 영원의 세계로서 현실을 넘어선 어떤 영역을 표현한다. 그런 인식은 "… 단 하나의 뿔이었다./한 처녀에게 그건 새하얀 모습으로 다가왔다 — /그리고 은빛 거울 속에, 그녀 속에 있었노라."(Ⅱ. 4)라는 노래를 통하여 나르시스 상황을 부각시킨다. 실제로 존재하지 않는 순결의 상징 일각수가 모습을 나타내면 처녀가 들고 있는 은빛 거울 속에 결국 차이가 없어지게 될 것이다. 그것은 제2의 현실로 살아난다. 거울은 "흘러넘쳐 제 스스로의 아름다움을/제 얼굴에 다시 모아 담는" 것으로 노래 불리는 「제2비가」의 천사상과 연결된다.

릴케는 아름다움이 영원히 사라져가는 젊음을 묘사한다. 광택(빛)은 거대한 바로크 홀에서나 볼 수 있는 프리즘으로 분색한

발레리와 릴케(1926년 9월 13일, 제네바 호숫가에서)

샹들리에로서, 18년생의 수사슴의 뿔로 비유된다. 9행은 화가가 그들의 모습을 비춰 보고, 결점을 찾곤 하는 계략과 관련 있음을 보여준다. 거울 안으로 들어간 그것들은 그들이 한번 사용한 거울을 들여다보면, 죽는 사람들의 상상된 얼굴일 것으로 생각한다. 릴케는 자기가 사람이 아니라 거울이라면 어땠을까 하는 상상을 하면서 두려움에 떤 적이 있음을 고백하기도 했다. 발레리에게 헌정한 『후기 시』 중에서 릴케는 영향을 받은 대로 나르시스 상황을 노래하고, 오르페우스의 나눔과 이기적 자기애를 대조시킨다.

4.

오, 이것은 세상에 없는 동물.
그걸 모르고 그들은 언제나처럼
— 그의 걸음걸이, 그의 태도, 그의 목을
고요한 눈빛을 담은 커다란 눈길까지 — 사랑했노라.

실제로 *존재하지* 않았지만 그들이 사랑함으로써
순수한 동물이 되었다. 그들은 항상 공간을 남겨 두었다.
그리고 공간 속에, 맑게 텅 비워 둔 채
그는 가볍게 머리를 들어올리고 거의 존재할

필요가 없었다. 그들은 그걸 어떤 알곡으로가 아니라
오직 언제나 그것이 존재하리라는 가능성으로 먹여주었노라.
그리고 그것은 동물에게 힘을 주어서

그 안에서 이마의 뿔을 돋게 하였으니. 단 하나의 뿔이었다.
한 처녀에게 그건 새하얀 모습으로 다가왔다 —
그리고 은빛 거울 속, 그녀 속에 있었노라.

O DIESES ist das Tier, das es nicht giebt.
Sie wußtens nicht und habens jeden Falls
— sein Wandeln, seine Haltung, seinen Hals,
bis in des stillen Blickes Licht — geliebt.

Zwar *war* es nicht. Doch weil sie's liebten, ward
ein reines Tier. Sie ließen immer Raum.
Und in dem Raume, klar und ausgespart,
erhob es leicht sein Haupt und brauchte kaum

zu sein. Sie nährten es mit keinem Korn,
nur immer mit der Möglichkeit, es sei.
Und die gab solche Stärke an das Tier,

daß es aus sich ein Stirnhorn trieb. Ein Horn.
Zu einer Jungfrau kam es weiß herbei —
und war im Silber-Spiegel und in ihr.

해설

"오, 이것은 세상에 없는 동물./그걸 모르고 그들은 언제나처럼"(1~2행)이라는 영탄조의 발언으로 시작되는 시는 존재와 비존재의 역설적인 연관성을 제시한다. 그것은 양자간의 차이에서 생겨나는 상상 공간의 창조적인 힘을 위해 존재한다. 전체적으로 움직임이 늘어가지만, 분위기는 더욱 정적으로 변한다. 앞의 시와 연관되는 은빛 거울 앞의 처녀 모티브는 '소녀'와의 연결고리가 된다.

상상 속의 동물인 '일각수'는 아마 Ⅰ부 20소네트에 나오는 실존하는 '작은 말'(4행)과 대조물로 제시된 것으로 보인다. 『신시집』이나 『마리아 생애』 등에서 릴케가 즐겨 쓴 동물 이미지는 나르시스 상황의 대표적 가설로 쓰인다.

> 오, 그녀가 얼마나 아름다운지 알 수 있다면!
> 언젠가 나무 숲 속에 누워 있는 암사슴,
> 그걸 바라보고, 바라봄으로써 넋을 잃게 되고,
> 그 종족과 짝을 이루지 못하고
> 순수한 동물, 일각수를 수태하고 있다
> 빛의 동물이여

파리에 있는 클뤼니 박물관의 유명한 벽걸이 융단 「일각수와 여인」에 대해 릴케는 유한한 현실의 아쉬움과 영원성에로의 길을 노래한다. 중세의 빛나는 여섯 채색 작품들에 대해서 그는 『말테의 수기』에서 이렇게 묘사한다.

파리 클뤼니 박물관에 소장되어 있는 벽걸이 융단 「일각수와 여인」 중 한 부분

> 그러나 여기에는 다른 축제가 있다. 초대된 사람은 아무도 없다. 모든 것이 영원히. 사자는 거의 위협하는 자세로 돌아보고 있다. 올 사람은 아무도 없다. 우리는 이전에 그녀의 지루한 모습을 보지 못했다. 그 여인은 지루할까? 아니면 그저 무언가 무거운 걸 쥐고 있기 때문에 쉬고 있는 걸까? 어쨌든 괴물은 괴물이다. 그러나 여인은 일각수를 향하여 다른 팔을 구부린다. 그리고 의기양양해 보이는 동물굴레와 여인의 무릎에 기대고 있다. 여인이 거울을 잡고 있다. 보아라! 여인은 일각수를 보여주고 있다. (SW Ⅵ, 829)

벽걸이 융단의 중심 색채는 장밋빛이며, 귀부인 · 일각수 · 사자가 있는 섬은 코발트빛이 배경을 이루고 있다. 섬 양쪽에는 나무와 꽃들이 심겨져 있고, 동물과 새들로 가득하다. 거울은 나르시스의 상징이며, 일각수는 그런 범위 내에서 공간과 현실로 연결된다. 오르페우스의 경지에 가장 가까이 있는 상징 영역을 차지한다.

5.

꽃의 근육, 아네모네에게
조금씩 초원의 아침을 열어주고
꽃의 품속으로 강력한 소리다발의 그 빛이
우렁찬 하늘로부터 궁창으로 쏟아지노라.

무한한 수용의 팽팽한 근육의
고요한 그 꽃별들 속에
이따금 그런 충만함으로 가득 차
낙조의 고요한 윙크가

멀리 펼쳐진 잎 가장자리를
너에게 되돌려주기는 힘들 것이리라.
너, *얼마나* 많은 세계의 결심이자 힘인가!

힘이 넘쳐 어쩔 줄 모르는 우리는 더 오래도록 살아남겠지.
하지만 *언제인가*, 모든 삶의 어떤 고비에서
우리는 결국 마음을 활짝 열고 받아들이는 자가 되지 않을까?

BLUMENMUSKEL, der der Anemone
Wiesenmorgen nach und nach erschließt,
bis in ihren Schooß das polyphone
Licht der lauten Himmel sich ergießt,

in den stillen Blütenstern gespannter
Muskel des unendlichen Empfangs,
manchmal so von Fülle übermannter,
daß der Ruhewink des Untergangs

kaum vermag die weitzurückgeschnellten
Blätterränder dir zurückzugeben:
du, Entschluß und Kraft von *wie*viel Welten!

Wir Gewaltsamen, wir währen länger.
Aber *wann*, in welchem aller Leben,
sind wir endlich offen und Empfänger?

해설

꽃을 주제로 한 시로, 5~7소네트는 I부의 과일에 관한 시들과 나란히 꽃 시리즈 3부작을 이루고 있다. 여기에는 "하늘"과 "땅"(II. 5), "고대"와 "현재"(II. 6), 죽음과 삶(II. 7) 등 복합적인 모티브가 교환되고 때로는 대극을 이룬다. 그 범위는 II부 2소네트의 "전체 속으로 태어난 가슴"(14행)까지 다다른다.

공간은 "무한한 수용"(6행)의 의미로 설정된다. 조카에게 보내는 어느 편지에서 시인은 그를 두고 밤에도 닫힐 수 없을 정도로 활짝 열린 아네모네와 같다고 쓰고 있고, 1914년 6월 루 안드레아스 살로메에게는 "언젠가 로마에 있는 어느 정원에서 본 작은 아네모네와 비슷하다고 할 수 있군요. 꽃은 낮 동안 너무 활짝 열려서 밤이 되어도 더 이상 오므릴 수가 없는 것이었습니다."라고 고백하고 있는데, 모두 수용이라는 범위에서 궤를 같이한다. "아네모네 Anemone"(1행)와 "소리다발(다성음) Polyphone"(3행)이 운율적으로 연결되어 있는 것도 그런 의미에서 중요하다.

시인은 그 꽃에서 외적 영향을 받아들이는 법을 배운다. 「제8비가」를 이끌고 있는 주제는 13행의 재생에 관한 생각을 출발점으로 하여 장엄한 다음 절의 음악적 어휘들로 소네트를 가득 채우고 있다. 우물, 일각수, 말 등 형상화된 사물들에는 아네모네도 속한다. 아네모네는 세계를 자체 내에 받아들일 순수한 "결심"을 할 수 있는 이미지이다. "품"이라든가, "무한한 수용의 팽팽한 근육"은 바로 그런 안목에서 쓰인다. 꽃은 "사랑하는 자"의 상징으로서 소유하는 것이 없고, 아무것도 탐하지 않으며 상대방이 없다. 무언가를 소유하려고 하는 “사랑받는 자들”과는 정반대의 자세를 취한다. 사물에 대한 자세한 관찰보다는 특징 속에 포착된 형상의 상승이 존재에 맞는 의미, 즉 변천의 모습을 중시한다.

아네모네

6.

장미, 왕좌 위의 그대여, 고대에는
소박한 테두리에 둘린 꽃송이였노라.
그러나 *우리에게* 너는 꽉 찬 꽃, 헤아릴 수 없이
넘치고 넘칠 대상이라.

그대 풍요로움 속에 환히 비치는 모습
겹겹이 의상을 걸친 듯, 찬란함뿐인 육체.
하지만 꽃 이파리 하나하나는
모든 옷차림의 회피이자 거부가 아닐까.

그대 향기는 수백 년 전부터 우리에게
달콤하기 그지없는 이름을 지어 주었노라.
홀연히 그 향기는 명성처럼 허공에 떠 있노라.

그럼에도 우리는 그 이름을 모른다. 어림짐작뿐…
그리고 부를 수 있는 시간에 요구했던
추억은 그것에게로 옮아가노라.

Rose, du thronende, denen im Altertume
warst du ein Kelch mit einfachem Rand.
Uns aber bist du die volle zahllose Blume,
der unerschöpfliche Gegenstand.

In deinem Reichtum scheinst du wie Kleidung um
um einen Leib aus nichts als Glanz; [Kleidung
aber dein einzelnes Blatt ist zugleich die Vermeidung
und die Verleugnung jedes Gewands.

Seit Jahrhunderten ruft uns dein Duft
seine süßesten Namen herüber;
plötzlich liegt er wie Ruhm in der Luft.

Dennoch, wir wissen ihn nicht zu nennen, wir
Und Erinnerung geht zu ihm über, [raten...
die wir von rufbaren Stunden erbaten.

해설

장미가 끝까지 내면에 남아 마음을 움직이는 비밀 중의 하나는 서로 뒤섞여 피는 무수한 꽃잎들에 있다. 장미는 향기나 색상, 그리고 '가득 참'을 완벽하게 표현해 주는 신성과 세속의 세계를 동시에 드러낸다. 대표적 이미지는 "왕좌"이다. 고귀함을 앞세우는 역사와 전통의 뿌리가 깊다. 여러 겹으로 피어나는 장미에게서 시인은 신적 특성을 바라보고 신비주의 세계를 이끌어 낸다. 우리의 덤불장미처럼 단지 단순한 범위로 이루어지는 고대의 장미와 대비해 돋보이게 한다. 꽃잎들이 결코 다른 데 눈길을 주지 않고, 언제나 같은 범주의 것들로 등장한다. 무한히 반복되는 꽃 덮개들은 "겹겹이 의상을 걸친 듯/찬란함뿐인 육체"로 묘사되고 있는 것이다. 즉 이러한 덮개가 어떤 것을 벗기 위함이 아니라, 자체가 목적이라는 점이다. 그래서 "꽃 이파리 하나하나는/모든 옷차림의 회피이자 거부"라고 노래 불린다. 장미 자체가 '순수한 모순'으로 나타난다. 모순이 바로 장미의 내면적인 본질, 즉 순수한 것이다.

시 「페르시아 헬리오트롭 Persisches Heliotrop」(SW Ⅰ. 630f.)에서도 "장미를 찬양하는 소리가 너에게는/너무나 크다고 여겨질지도 모르리라"고 하듯, 릴케는 그 꽃에 대한 찬양을 그치지 않는다. 대부분의 시에서는 단순한 다섯 꽃잎의 장미를 대상으로 삼은 데 비해, 여기서는 현대적이고 발그스레한 양배추 같은 것이 간결하게 암시되었다.

시집 『과수원 *Vergers*』에서 릴케는 장미에 대해서 이렇게 노래 부른다.

> 어휘들과 패션들을 그의 주제에
> 어떤 이는 정돈하고 어떤 이는 짜 맞추지만
> 그는 어떻게 실제 장미와 똑같게
> 계획할 것인가? (SW Ⅰ. 551)

릴케는 뜰 안의 장미를 손질하던 중에 가시에 찔려 백혈병을 얻어 죽음을 맞는다. 시와 연관하여 "아네모네는 유한성을 반겨 맞는 꽃이다. 그러나 장미는 자기 부유함에 스스로를 잠기게 하는 여왕이다. 그것은 더 이상 고대의 것, 한낱 들장미로서 우리를 위한 것이 아니다. … 꽃의 몸체는 무용수가 자기의 형체를 감아 도는 회전축과 비교될 밝은 진공상태이다."라고 말하고 있다. 두 개의 4행시는 각기 십자운, 두 개의 3행시는 포옹운으로 가운데 행은 각기 "herüber"(10행) - "über"(13행)로 연결되어 있어 전후좌우 철저한 균형 속에 있다.

릴케는 후에 누군가가 장미들의 다양성에 이름 붙여주기를 바랐고, 그 자신은 또한 붉고 노란 고대의 장미 '에글란타인'이 발리스의 어느 정원에 가득 피어 있는 걸 감격스러워하고 있다. 묘비에 장미를 심고, 노래를 새겨두게 할 정도로 그의 장미 사랑은 지극했다.

7.

꽃들이여, 끝내 질서를 잡아주는 손들과 친족이 되어
(예나 지금까지 모든 소녀의 손들과)
정원 테이블을 가로질러 누운 너희는
상처를 입고 지친 채 몸을 가누지 못하며

이미 시작된 죽음에서 다시 회복시켜 줄
물을 기다리며—, 그리고 이제는
부드러운 손가락들의 방울져 떨어지는
양극 사이에 다시 올라섰노라. 그것들은

그대들이 짐작했던 것 이상으로 가벼운 것들
그대들이 꽃병 안에서 다시 모습을 보이면
서서히 몸을 식히며 소녀의 따스함을 안겨주었노라.

그것은 마치 고백과 같았다. 꺾임을 당함에 저질러진
너로부터 이루어진, 지루하고, 침울했던 죄처럼
꽃을 피우면서 새로이 그대들과 맺어진 관계이리라.

BLUMEN, ihr schließlich den ordnenden Händen
verwandte,
(Händen der Mädchen von einst und jetzt),
die auf dem Gartentisch oft von Kante zu Kante
lagen, ermattet und sanft verletzt,

wartend des Wassers, das sie noch einmal erhole
aus dem begonnenen Tod—, und nun
wieder erhobene zwischen die strömenden Pole
fühlender Finger, die wohlzutun

mehr noch vermögen, als ihr ahntet, ihr leichten,
wenn ihr euch wiederfandet im Krug,
langsam erkühlend und Warmes der Mädchen, wie
Beichten,

von euch gebend, wie trübe ermüdende Sünden,
die das Gepflücktsein beging, als Bezug
wieder zu ihnen, die sich euch blühend verbünden.

해설

I 부의 꽃 시리즈 중 마지막 소네트인 이 시는 어린 소녀와 꽃이 주제를 이룬다. 특히 '관계 Bezug'(13행)는 세계의 분리를 극복하는 통합적인 현존재의 암어로서 8소네트로부터 14소네트에 이르기까지 통용된다. 자연의 요소인 꽃이 인간화되어 가족의 친밀감으로 받아들여진다.

꽃들은 이미 다 죽었으나 신선한 물과 섬세한 손가락이 그것들을 되살린다. 자기들에게 주어진 사랑에 힘을 얻고, 살아 있는 소녀들과 함께함으로써 생기를 얻는다. 괴테의 「들장미」, 테니슨의 「정원으로 오라」, 위고의 「장미와 무덤의 대화」 등이 연상된다. 사랑스러운 모든 존재는 오랜 삶을 누리지 못하는 안타까움이 있다. 인간과 마찬가지로 꽃은 음악적인 예명 베라 오우카마크노프의 죽음과 연관된다. 릴케의 인간애와 자연 사랑이 돋보이는 작품이다.

장미

꽃피는 낙원을 머릿속에 그리며

8.

몇 안 되는 그대들, 도시 뜰 안 곳곳에 흩어져 있는
오래전 어린 시절의 벗들이여. 우리들은 얼마나
서로의 모습을 발견하고 살며시 좋아하며 지내왔던가.
그리고 이름 띠를 두른 새끼 양처럼

침묵을 지키며 말을 하고 있었다. 우리가 한때 즐거워했다 해도
어느 누구의 것은 아니었노라. 그렇다면 누구의 것이었을까?
그리고 얼마나 모든 지나가는 사람들 중에서
긴 세월의 불안 속에서 사라져 갔었는가.

차들이 우리 곁을 그냥 스치고 지나갔노라.
집들은 우람하게 우리를 에워싸고 있지만, 겉모습일 뿐, —
우리를 아는 이는 없었노라. 우주 속에 정말 *무엇이* 있었는가?

아무것도 없었다. 단지 공들뿐. 그 찬란한 원형들뿐이었다.
아이들도 아니었다. … 그러나 때로는 한 아이가 들어서려했지
아, 죽어가는 아이가 떨어지는 공 밑으로.

(*에곤 폰 릴케를 추억하며*)

WENIGE ihr, der einstigen Kindheit Gespielen
in den zerstreuten Gärten der Stadt:
wie wir uns fanden und uns zögernd gefielen
und, wie das Lamm mit dem redenden Blatt,[2)]

sprachen als Schweigende. Wenn wir uns einmal
keinem gehörte es. Wessen wars? [freuten,
Und wie zergings unter allen den gehenden Leuten
und im Bangen des langen Jahrs.[3)]

Wagen umrollten uns fremd, vorübergezogen,
Häuser umstanden uns stark, aber unwahr, —und keines
kannte uns je. *Was* war wirklich im All?

Nichts. Nur die Bälle. Ihre herrlichen Bogen.
Auch nicht die Kinder ... Aber manchmal trat eines,
ach ein vergehendes, unter den fallenden Ball.

(*Im memoriam Egon von Rilke*)

---

2) 그림의 내용을 이르는 문구를 적은 띠. 양은 이것을 통해 자기 생각을 전한다.

3) 무상함을 표현하는 「제4비가」의 정취를 담고 있다.

해설

릴케의 어린 사촌 에곤(1873～1880)의 이야기가 바탕을 이루고 있다. 삼촌 야로슬라브 릴케의 막내아들이다. 가는 목, 턱, 뺨, 아름다운 갈색 (사팔)눈이 연상된다. 그의 슬프고 당황하는 모습이 기쁨, 고독, 낯섦 등이 기억 속에 되살아난다. 『말테의 수기』에 나오는 어린 에릭 브라헤의 모델이다.

어린이들 사이의 사적인 사랑과 이해가 노래불리고 있다. 그들은 단지 하나에 조용한 문을 닫는다. 바깥에는 투명한 플라스틱 담장이 있고, 목동좌의 주성 아르크투르스 Arcturus와 같이 멀어져 나갔다. 4행은 반 다익의 그림에서처럼 제단 제품과 연관, 거기에는 신의 영양이 그 입에 두루마리 족자를 가지고 있다. 경건한 모토가 담긴 어린이들처럼, 그는 말하지 않고 의사소통을 한다.

릴케의 어린 시절은 신경질적이며 성취욕에 사로잡힌 어머니에 의하여 몹시 훼손되었다. 프라하와 상 푈텐에서의 학교생활도 그랬다. 덧없음과 흥망성쇠의 상징으로서 헌정된 소년뿐만 아니라, 소녀 베라의 짧은 생애와도 연관된다. 사람이 다니는 길과 예감이 든 집의 놀이에서 공만이 현실로 남아 있다. 소년이 떨어지는 공에 의해 죽임을 당하는 마지막 행은 용서될 수 없는 분노의 기록이다. 『신시집』의 시 「공 Der Ball」(SW Ⅰ. 639f.)도 이와 연관이 있다.

앞의 시와 비교하여 여기서는 현실 경험의 다양한 가능성들 속에 들어 있는 모순을 예시하고 있다. Ⅱ부 7소네트의 스스로 둥글게 되는 꽃 풍경(원 구조) 대신에 여기서는 "도시 뜰 안 곳곳에

흩어져 있는"(1행) 그것들이 언급되고 있다. 소녀의 현존이었던 것이 이제는 시간적인 단절 속에 과거의 어린 시절 체험으로 보인다. 어린이의 관점은 "우주 속에 정말 무엇이 있었는가?"(11행)라는 다급한 질문을 가능케 하지만, 곧 회상의 에센스로 모습을 드러내, 이어지는 다음 두 행에 답이 나타난다. 그리고 마지막 두 행은 생략법으로 이어지고, 말로 닿지 않는 영역에 대한 시적 에스프리를 추구한다.

릴케(1913년 여름 파리에서)

9.

그대들, 재판하는 자들이여, 목에 철판이 걸려 있지 않다고
무서운 톱니막대나 고문기구들이 없다고 뽐내지 말지라.
어느 것 하나 승화된 것 없다. 마음도—, 맘먹고 베푼 자비의
경련이 그대를 짐짓 젊잖게 비틀고 있기 때문이려니.

아이들이 지난해 생일에 받은 장난감들을 그렇게 하듯
긴 세월에서 얻은 것은 단두대가 되돌려 주리니.
순수하고, 높은, 문과 같이 활짝 열린 가슴속으로
그는 얼마나 다른 모습으로 들어가는가. 참된

자비의 신이여. 격렬한 모습으로 나타나서
마치 신들이 존재하듯이, 제 주위를 찬란하게 사로잡으리라.
크고 안전한 배를 위한 한 가닥 바람 *이상으로*

무한한 짝짓기로 태어나 조용히 놀이하고 있는 아이처럼
마음속 깊이 침묵하면서 남모르게 조용히
우리에게 다가오는 이해심보다 못할 것 없으리라.

RÜHMT euch, ihr Richtenden, nicht der entbehrlichen Folter
und daß das Eisen nicht länger an Hälsen sperrt.
Keins ist gesteigert, kein Herz-, weil ein gewollter
Krampf der Milde euch zarter verzerrt.

Was es durch Zeiten bekam, das schenkt das Schafott
wieder zurück, wie Kinder ihr Spielzeug vom vorig
alten Geburtstag. Ins reine, ins hohe, ins thorig
offene Herz träte er anders, der Gott

wirklicher Milde. Er käme gewaltig und griffe
strahlender um sich, wie Göttliche sind.
Mehr als ein Wind für die großen gesicherten Schiffe.

Weniger nicht, als die heimliche leise Gewahrung,
die uns im Innern schweigend gewinnt
wie ein still spielendes Kind aus unendlicher Paarung.

해설

범죄의 처치와 관대함, 사람들의 양심, 판결의 상관관계가 다루어진다. "참된/자비의 신"(8～9행)은 거센 바닷바람처럼 세차게 불어온다. 시의 중심 이미지인 "단두대 Schafott"(5행)와 "신 Gott"(8행)이 직유의 형태로 운율상 연결되어 있다. 공포감을 느끼게 하는 톱니막대, 스페인 장화, 죄인을 강제로 앉히는 날카로운 가시가 달린 말, 교수대, 칼과 도끼 등 고문기구들을 둘러본다. 예수를 "신으로 향한 길의 장애물"로 생각하기도 했던 릴케는 『비가』의 천사들이 기독교적이 아니라 이슬람의 것이라 말하고 있다.

"문과 같이/활짝 열린 가슴속"(7～8행)을 향하는 "참된/자비의 신"은 "맘먹고 베푼/자비의 경련"(3～4행)에 맞서는데, 그것은 기계화 시대의 문명과 인간이 이루어 놓은 발전에 대한 회의적 반응들이 아닐 수 없다. 자신을 누군가 빤히 바라보고 있다는 것을 알면서도 "조용히 놀이하고 있는 아이"(14행)의 모습에 매혹당한 사람에 대한 눈길이 강조된다. 그것을 통해 세상을 온화하게 극복할 수 있는 힘을 찾으려는 시인의 노력이 엿보인다. 그것은 Ⅱ부 8소네트로 귀속되는 풍자적 연결고리로서, 역사적 차원의 문제로서 Ⅱ부 11소네트까지 이어진다.

중세의 고문기구

10.

기계가 인간에게 순종하지 않고, 감히 정신을 지배한다면
우리가 일구어 낸 모든 것은 기계에 의해 위협받으리라.
대가의 손길 속 아름다운 망설임마저 더 이상 뽐내지 못하도록
기계는 더 우람한 건물을 세우려고 한사코 돌을 잘라 내리라.

어디에서나 눈에 띄는 기계. 거기에서 한번 빠져나오기 힘들고
공장 안에서 기름에 절어 아무 소리도 내지 않고 제 모습조차
모른다.
그것은 삶이며, ― 무엇이나 잘 할 수 있으리라 믿으며
그런 단호함으로 정돈하며, 만들고 부수기도 하노라.

그러나 아직도 우리 마음을 사로잡는 건 현존재. 수많은 곳에서
아직도 원천을 이룬다. 무릎 꿇고 경탄하지 않는 자는
그 누구라도 닿지 못할 순수한 힘의 놀이

말로 표현할 수 없는 것 앞에서 말들은 살며시 사라져 버리고…
음악은 가장 진동이 심한 돌들에서 줄곧 새롭게 솟아올라
쓸모없어 남겨진 하늘 공간 속에 자신의 성전을 짓노라.

ALLES Erworbne bedroht die Maschine, solange
sie sich erdreistet, im Geist, statt im Gehorchen, zu sein.
Daß nicht der herrlichen Hand schöneres Zögern mehr prange,
zu dem entschlossenern Bau schneidet sie steifer den Stein.

Nirgends bleibt sie zurück, daß wir ihr *ein* Mal entrönnen
und sie in stiller Fabrik ölend sich selber gehört.
Sie ist das Leben, — sie meint es am besten zu können,
die mit dem gleichen Entschluß ordnet und schafft und zerstört.

Aber noch ist uns das Dasein verzaubert; an hundert
Stellen ist es noch Ursprung. Ein Spielen von reinen
Kräften, die keiner berührt, der nicht kniet und bewundert,

Worte gehen noch zart am Unsäglichen aus ...
Und die Musik, immer neu, aus dem bebendsten Steinen,
baut im unbrauchbaren Raum ihr vergöttlichtes Haus.

해설

I 부 18, 22, 23, 24소네트들이나 『제7비가』와 비슷한 소재의 작품이다. 베라의 죽음과 어떤 관계를 맺고 있는가에 관심을 불러일으키는데, "기계"(1행)와 "공장"(6행)이 문명비판을 위한 단초가 되며, 또한 기계의 세계와 마법에 걸린 현존재가 대립된다. 기계화된 세계와 인간상을 부각시키기 위하여 두 개의 4행시에서 두운법, 접속사반복법 등 이전의 소네트와 비슷한 양식이 활용된다. 그에 따라 공장과 음악의 신전이 분열적인 양극을 형성한다. II 부 9소네트에서처럼, 여기에서도 "힘 Gewalt"과 "부드러움 Milde" 사이의 긴장이 중심을 이룬다.

구원받을 수 없을 정도로 퇴락한 이 세계에 대하여 신성한 미학적 초월의 세계가 비교, 대립된다. 현실 속에서 내몰린 인간이 피난처를 찾기 위해 몸부림친다. "시대정신 Zeitgeist"의 산물인 기술, 기계, 공업화와 연결된 변화들은 "사원 Tempel"이 뒤물러서야 하는 현실을 불러들인다.

"일구어 낸 모든 것"(1행), 즉 문명과 기계의 위협이 조금도 미화됨이 없이 엄격하고 바르게 고발되고, 마지막 3행은 시의 서두와 대극을 이루는데, 근원적이고 창조적인 힘, 즉 "말로 표현할 수 없는" 비밀에서 솟아나온 "말"과 "가장 진동이 심한" 돌에서 그들의 "성전"을 짓는 "음악"을 불러낸다. 여기서의 "말"은 "원초적인 것, 마법에 홀린 것을 의미하는, 기계의 단호한 것에 맞서는 생경한 세계"이다. 오르페우스에 의한 돌에서 나오는 음악은 사람이 만든 그 어떤 기계보다 공간 속에 거대한 집을 세울 수 있다.

2연은 Ⅰ부 22소네트의 2연 "급히 가려고 하는 것들은 모두/곧 사라져 버리려니/머무는 것만이 우리를/귀히 보듬어 주리라"의 연결선상에서 이해할 수 있다. 기계의 "정돈하는"(8행) 힘은 오르페우스적인 정돈 질서와 일치하지 않는다. 더 흉측한 형태의 파괴가 일어난다. 소네트는 두 개의 3행시에 이르러 천국의 '신화 속 신화적 요소'를 되찾는다. 첫째 3행시는 4행시의 기계 세계와 마법에 걸린 현존재 사이의 균열을 이루고, 그것은 "그러나 aber"나 연을 지탱해 주던 가락이 해체됨으로써 강조된다. 기술의 세계에서 원천적인 존재로의 원형을 형성한다. 기계가 '섬기는 특성'을 잃지 않게 되기를 기원하면서…….

산업화 시대의 현대 도시 일각을 차지하고 있는 공장 굴뚝

11.

계속 세상을 지배할 인간, 그대가 처음 사냥을 시작한 이후
조용히 정돈된 수많은 죽음의 규칙이 생겨났노라.
그러나 덫이나 그물보다 더, 내가 아는 건 돛배의 밧줄
누군가 구멍 뚫린 석회암 동굴에 내려 걸어 놓았노라.

그대를 평화를 기릴 징표인 양 살며시 밀어 넣었지만
그들은 그런 다음엔 머슴이 네 가장자리를 비틀었다.
— 그리고 밤에는 몸조차 가누지 못하는 창백한 비둘기들이
동굴 밖 한 움큼 빛 속으로 던져졌으나 … *그것까지도* 그럴싸했노라.

멀리 바라보는 자로부터 동정의 모든 숨결이 있으리니
주의 깊게 행동하며, 때에 맞는 행동에 이르게 하는
사냥꾼으로부터만은 아니리라.

죽임은 우리가 견디어 내는 방황하는 슬픔의 한 형상이라…
우리 자신에게 일어나는 것은
열정 없는 정신에 비해 순수하도다.

MANCHE, des Todes, entstand ruhig geordnete Regel,
weiterbezwingender Mensch, seit du im Jagen beharrst;
mehr doch als Falle und Netz, weiß ich dich, Streifen
von Segel
den man hinuntergehängt in den höhligen Karst.

Leise ließ man dich ein, als wärst du ein Zeichen,
Frieden zu feiern. Doch dann: rang dich am Rande der
Knecht,
— und, aus den Höhlen, die Nacht warf eine Handvoll
von bleicher
taumelnden Tauben ins Licht ...
Aber auch *das* ist im Recht.

Fern von dem Schauenden sei jeglicher Hauch des
Bedauerns,
nicht nur vom Jäger allein, der, was sich zeitig erweist,
wachsam und handelnd vollzieht.

Töten ist eine Gestalt unseres wandernden Trauerns...
Rein ist im heiteren Geist,
was an uns selber geschieht.

해설

"조용히 정돈된 수많은 죽음의 규칙이 생겨났노라"(1행)라는 결어적 표현이 시의 서두를 장식한다. 특별한 강조를 위한 파격적 배열의 핵심은 바로 '죽음'이다. 한꺼번에 새를 여러 마리 죽이는 이른바 사디즘 현상도 언급된다. 그것을 과시라도 하듯, 죽음을 향한 시인의 독특한 형이상학적 태도가 나타난다. 죽음이 인간 생활의 정점이라고 한다면, 작은 새들에게도 그것이 적용되어야 한다는 생각이다. 죽음은 삶의 다른 면이므로 올바른 삶을 이해하기 위해서는 그것을 수용할 수도 있어야 한다는 것이다. 그러나 그가 언젠가 죽어 가는 새를 자기 손에 쥐고 있으며, 두려움과 고통으로 바라보는 눈길이라든가, 발톱이 꽉 죄고 딱딱하게 되어 결국에는 아무것도 움켜쥐지 못하게 되는 현상으로 제시된다. 이탈리아의 시장에 가보면 창문이나 큰 접시 위에 죽은 종달새나 개똥찌바귀 등 새들이 놓여 있는 것을 종종 볼 수 있다. 릴케는 1912년 두이노 성에 머무는 동안 이탈리아 북동부 석회석 동굴로 이름난 트리에스트의 풍경을 가까이 접했다. 거기에서 릴케는 비가를 쓰기 시작했다.

다른 어느 작품보다도 시는 일종의 신비적-비 조건적 죄책감을 바탕에 깔고 있다. 그것은 아주 특이한 범신론적 수준 위에 있다. "릴케는 나와 마찬가지로, 사냥에 대해서 격렬하게 반대를 할 것이라고 생각했다. 그러나 그가 동물에게 하는 것만큼 친절하게, 그는 그것을 이해하고, 그것이 인간에게 있어서 격세 유전의 힘을 과시하고 있다고 설명했다. 잔인성이나 죽이려는 욕망마저 인간 본성 깊이 뿌리내리고 있다."고 여류 피아니스트 벤베누타가 말하고 있듯이, 릴케는 그 사실을 있는 그대로 보여주고 있는 셈이다.

잔인함과 반역, 무한한 추적과 찬양으로 휩싸이는 시는 릴케가 기독교와 얼마나 거리를 벌이고 있는가에 대한 증거이기도 하다. "예술 - 신을 위해서 그리스도를 부정하고 있음에도 불구하고 오르페우스는 뒷문을 통하여 그리스도의 대용물로 들어선다."는 메이슨의 말이 뒷받침한다. 오르페우스는 외형적으로는 그리스도의 모습이기도 하지만 구속이 아니라, 근본적으로 포도주와 연관된 디오니소스적이다. 따라서 범신론적인 의지로 이해된다. 마지막 연은 개인이 심리적 구조 속에서 힘과 온유함 사이의 갈등에 내맡겨지는 것을 표현한다.

트리에스트

12.

변화를 이룰지어다. 오, 타오르는 불꽃에 열광할지어다.
그 속에는 변천을 뽐내는 그 무엇이 그대에게서 벗어나리라.
이 세상의 것을 다스리는 저 계획하는 정신이
형상의 솟아오름에 전환점 이상 사랑하는 것이 있을까.

머무름 속에 갇히는 것은 이미 메말라 굳어버린 것
꾸밈없는 잿빛의 보호막 속에서 스스로 안전하리라 믿는가?
기다리라, 더없이 단단한 것이 멀리서 단단한 것에 경고하노니
슬프도다 — 사라졌던 망치가 솟아오른다!

샘물처럼 스스로 쏟아 붓는 자는 인식에 의해 인식될지니
황홀함 속의 그를 넘치는 창조의 힘을 통하여 이끌고 가서
종종 시작과 더불어 그치고 종말과 더불어 시작되리라.

모든 행복한 공간은 떠남의 자식이거나 자손이거니
그들이 놀라며 지나가노라. 변모한 다프네는 월계관을 썼다고
느끼는 순간부터 그대도 바람결에 모습을 바꾸게 되기를
바라노라.

WOLLE die Wandlung. O sei für die Flamme begeistert,
drin sich ein Ding dir entzieht, das mit Verwandlungen
prunkt;
jener entwerfende Geist, welcher das Irdische meistert,
liebt in dem Schwung der Figur nichts wie den
wendenden Punkt.

Was sich ins Bleiben verschließt, schon *ists* das Erstarrte;
wähnt es sich sicher im Schutz des unscheinbaren
Grau's?
Warte, ein Härtestes warnt aus der Ferne das Harte.
Wehe —: abwesender Hammer holt aus!

Wer sich als Quelle ergießt, den erkennt die Erkennung;
und sie führt ihn entzückt durch das heiter Geschaffne,
das mit Anfang oft schließt und mit Ende beginnt.

Jeder glückliche Raum ist Kind oder Enkel von
Trennung,
den sie staunend durchgehn. Und die verwandelte
Daphne
will, seit sie lorbeern fühlt, daß du dich wandelst in Wind.

해설

『비가』에서처럼 "변화", "변천", "형상"이 첫 연부터 강조된다. 3~4행에서는 승리감에 벅찬 외침으로 바뀌면서 교환 및 상호작용의 형상이 구조상 결정적인 곳에서 천명된다. 추상적인 인식은 자체가 월계수로 변천하는 다프네의 형상 속으로 흘러든다. 그것은 또한 명령법 문장을 통해 강화된다. 사람들은 변화를 수용하지 않을 뿐만 아니라, 그것을 목표로 환영하고 찬양한다. 그것 없이 정신은 자라나 뻣뻣하게 되고 무감각해진다.

시간과 운명의 망치는 항상 궁극적인 강타의 순간을 위해 솟아오른다. 시의 중심을 이루는 "샘물처럼 스스로 쏟아 붓는 자는 인식에 의해 인식될지니"(9행)는 모든 것은 자신만의 분별력에 의해 파악된다는 진실을 깨우친다. 사람은 샘처럼 스스로를 쏟아 부어야 한다. 상승(Ⅰ. 1)과 하강(Ⅰ. 26)의 구조 속에 있는 시 전체의 본질적인 모습이다.

아폴로의 사랑을 피하여 도망친 요정 다프네는 아버지인 강의 신 페노이스의 도움을 받아 월계수가 된다. 변화 후 삶의 상징이다. 그리스어로 월계수를 다프네라고 하며, 아폴론의 신수(神樹)로 인정되고 있는 것, 고대 올림픽 경기에서 이 신성한 나무를 승리자에게 주던 관습 모두가 여기에서 기인하여 오늘에 이르고 있다.

괴테가 6각운의 독일식 시행으로 "그대가 오래도록 지니지 못한 것/이것이 바로 죽고 변해 가는 것!/그대는 이 어두운 땅위의/한낱 서글픈 손님일 따름이라"(『서동시집』 중 시 「복된 그리움」)고 노래하는 것도 그리스 신화이다. 작품은 불, 물, 변천의 효과를 불러일으키는 매개체로서 바람(대기)과 연결되어 있어 그리스 철학 및 동양적 정서를 자아내며, 다른 시와도 연관성을 유지하고 있어서, 특히 마지막 3행시는 Ⅱ부 1소네트의 둘째 연을 연상시킨다. 변화의 부족은 무감각을 불러일으킨다. 그러므로 불에 의해 변화되고, 물과 대기가 되어야 한다. 다프네는 오르페우스의 여사제가 되어 자연과 완전히 하나가 된다.

예술은 여기에서 세속(현세)의 올바른 관습을 통해 고통을 극복 또는 정복하는 길잡이로 이해된다. 그리하여 『젊은 노동자에게 보내는 편지』에서는 "이 세상의 것을 바르게 손에 쥐는 것, 진정으로 사랑스레, 놀라움 가운데 당장 우리의 유일한 것으로 여기는 것: 그것은 늘 말하는 바, 신의 거대한 사용설명서이다."(SW Ⅵ. 1115)라고 표현되고 있다.

『비가』에서 추적하고 있는 바는 예술과 그 내면성을 통해 가시적이고 무상한 것이 불가시적이고 무상하지 않은 것으로의 지속적인 변천이다. 『소네트』에서는 그에 반해 시인이 그런 모든 변천들에 앞서 있고, 그것들은 끊임없이 모든 사물들에 그리고 그 자체 시간에 큰 영향을 미친다. 그리고 이것은 Ⅱ부 12, 13소네트에 특히 뚜렷이 나타난다.

내재운의 독자성. 미운과 더 이상 상응하지 않고, 독립적인 중앙운이라든지, 구분되는 반행이 세 번씩이나 반복되는 등 5, 9, 11행의 독자적인 운율그룹이 형성된다. "Geschaffne"(10행)와 "Daphne"(13행)가 상호 운으로 설정된 것도 의미 깊다.

13.

모든 이별에 앞서 있으라. 마치 그것이
방금 지나가는 겨울처럼, 그대 뒤에 있는 것처럼
수많은 겨울들 속에서 너는 아주 끝없이 겨울이어서
겨울을 견디어 내며, 네 가슴은 어떻게든 이겨내리라.

에우리디케 안에서 언제나 죽어 있으라 —, 거대한 찬양의 목소리로
노래 부르며 일어서, 순수한 관계 속으로 되돌아가 올라가라.
여기에, 사라져 가는 것들 중에, 기울음의 영역에서 있으라.
울려 퍼지는 소리 속에서 이미 깨어진, 소리 나는 유리가 되어라.

존재하라 — 동시에 비존재의 조건을,
그대 흔들리는 내면의 무한한 근거를 알아라.
그대는 이 한 번의 기회에 그것을 완수하여도 좋으리라.

쓰다가 버릴 것을 넣어 두는 많은 자연의 창고에, 둔탁하고 묵묵한
사물들처럼, 헤아릴 수 없는 숫자에
기쁨으로 너를 덧붙이고, 전체 숫자를 없애버릴지라.

SEI allem Abschied voran, als wäre er hinter
dir, wie der Winter, der eben geht.
Denn unter Wintern ist einer so endlos Winter,
daß, überwinternd, dein Herz überhaupt übersteht.

Sei immer tot in Eurydike—, singender steige,
preisender steige zurück in den reinen Bezug.
Hier, unter Schwindenden, sei, im Reiche der Neige,
sei ein klingendes Glas, das sich im Klang schon zerschlug.

Sei- und wisse zugleich des Nicht-Seins Bedingung,
den unendlichen Grund deiner innigen Schwingung,
daß du sie völlig vollziehst dieses einzige Mal.

Zu dem gebrauchten sowohl, wie zum dumpfen und
stummen
Vorrat der vollen Natur, den unsäglichen Summen,
zähle dich jubelnd hinzu und vernichte die Zahl.

해설

계속적인 변화를 의미하는 이별의 테마가 신화적 형상 영역으로 옮겨 간다. “이렇게 우리는 살면서 언제나 이별을 한다”(SW Ⅰ. 716)는 구절로 끝을 맺는 「제8비가」와 같이 이별과 사랑의 모티브를 공유하고 있다. 마치 마지막 언덕을 돌아가면서 그 골짜기를 한 번 더 바라보려고 머뭇거리는 것 같다.

오르페우스 전설은 꽃 세계로 들어가 지하의 세계와 다채로이 어우러져 피어난다, 열매 맺음과 연관하여 삶과 죽음의 오르페우스적 연결이 돋보인다. 특히 두 번째 4행시는 1904년의 시 「오르페우스, 에우리디케, 헤르메스」(SW Ⅰ. 542～545)를 연상시킨다.

겨울이란 어휘가 네 번이나 나온다. 추위, 무 결실, 고통, 고난, 비 소유, 이별과 분리, 오르페우스와 에우리디케처럼 살아 있는 자와의 연결성이 무너진다. 삶의 긴 겨울을 지낸 사람들은 영원한 삶으로 나서기를 바란다. 8행은 최상의 상황에서 음악과 이념의 연관성을 매우 효율적으로 형상화하고 있다. 활기찬 삶 속에서의 죽음이 강조된다. 사랑하는 이의 죽음 앞에서 오르페우스는 고난과 슬픔을 느끼면서 노래하려 한다. 어떤 틀을 파괴하고, 죽음 자체 속에서 변천을 창조한다.

예술과 그의 내면성을 통하여 ‘가시적인 것 - 무상한 것’이 ‘비가시적인 것 - 무상함을 벗어난 것’으로의 변천을 위한 유일한 방법이 제시된다. 시인은 모든 다양한 변천들 앞에 나타난다. 그것들은 중단 없이 모든 사물과 그 자신에게 작용된다. 그 중심은 시간이며, 신화적인 존재로서의 에우리디케가 세워진다.

각 연을 세 번이나 이끌고 나오며 기본 구조를 이루고 있는 명령형 "sei", 강한 힘을 부여한 높임음과 뒤이은 휴식이 거의 두 박자를 점한다. 한편으로는 이별, 겨울, 죽음, 사라짐, 기울음, 다른 한편으로는 '창고 Vorrat', '가득함 Fülle', '숫자 Summe' 등이 지배적이다. 전반부의 "끝없이"(3행), 후반부의 "무한한"(10행)도 대립과 일치의 현상을 자아낸다. 사랑을 소유로 보는 태도에서 벗어나기를 촉구한다. 오르페우스는 에우리디케를 포기함으로써 '순수한 관계'를 배운다.

릴케는 자연의 흔들림(10행), 신성한 노래를 자체 내에 받아들이는 "울려 퍼지는 소리"(8행)와 자신을 연결시킨다. 그는 변증법을 통해 모순을 통합시키는 방향으로 고통을 기쁨의 형태로, 기쁨을 고통의 다른 면으로 풀이함으로써 실존의 매듭을 푼다. 1행, 5행 등 대체적으로 균등한 닥틸루스 움직임, 이따금 내림음수를 생략함으로써, 리듬상으로 첫째 3행시의 시작 부분에서 소네트의 절정이 이루어지게 한다. 마지막 12, 13 두 행 중간에 중간 쉼이 있다. 동시에 월행(Enjambement)을 통해 긴장감에 대비하는 기교상의 묘도 살린다.

14.

꽃들을 보라. 이승에 충실한 이 꽃들을.
우리는 그들에게 운명의 가장자리로부터 운명을 빌려 주었노라—
그러나 누가 알리오? 꽃들이 시드는 걸 짐짓 아쉬워한다면
그들의 슬픔이 바로 우리의 자신의 일이 아닐까.

모든 것이 떠돌아다니려는데, 우리도 성가신 존재로 떠돌며
어디엔가 얹혀서, 스스로의 중량을 즐기고 있는 건 아닌가.
오, 사물들에게 영원한 어린 시절을 행복케 하기에
우리는 그것들에게는 얼마나 고약한 선생이었던가.

누군가 그들을 깊은 잠 속에 빠지게 하여 사물들과 함께
곤히 잠들었다면, 오, 그는 얼마나 가뿐히 자라날 텐가.
함께 누리는 깊이에서, 다른 모습으로 바뀔 것인가.

아니면 그대로 머물지도 몰라. 꽃들은 피어나며 찬미하리라.
개종한 그를. 이제 그들 중 어떤 하나와 닮은 모습. 초원의
바람결에 흔들리는 조용한 형제자매들 모두와도 닮았노라.

SIEHE die Blumen, diese dem Irdischen treuen,
denen wir Schicksal vom Rande des Schicksals leihn, —
aber wer weiß es! Wenn sie ihr Welken bereuen,
ist es an uns, ihre Reue zu sein.

Alles will schweben. Da gehn wir umher wie Beschwerer,
legen auf alles uns selbst, vom Gewichte entzückt;
o was sind wir den Dingen für zehrende Lehrer,
weil ihnen ewige Kindheit glückt.

Nähme sie einer ins innige Schlafen und schliefe
tief mit den Dingen —: o wie käme er leicht,
anders zum anderen Tag, aus der gemeinsamen Tiefe.

Oder er bliebe vielleicht; und sie blühten und priesen
ihn, den Bekehrten, der nun den Ihrigen gleicht,
allen den stillen Geschwistern im Winde der Wiesen.

해설

앞의 소네트가 찬양하는 존재로서의 오르페우스를 노래하고 있다면, 여기서는 "오, 그는 얼마나 가뿐히 자라날 텐가./함께 누리는 깊이에서, 다른 모습으로 바뀔 것인가."(10~11행)로 맞선다. 앞의 소네트들에서 어린 시절, 순수, 무거움의 테마가 포착되고, I 부 2소네트의 잠 모티브도 연관된다.

인간의 무거운 존재성에 가볍기 그지없는 꽃들이 대조된다. 모든 존재가 꽃들보다 결코 앞서지 못함을 알리고 있다. '사물'에 대한 릴케의 인식은 '물 자체 Ding an sich' 의식에 기초하고 있다. 자연의 순수한 목표들은 어린이답고 순진하며 행복하고, 그것을 얻으려고 사람들은 다툼을 벌인다. 「제7비가」도 이러한 정신세계를 노래 부르고 있는데 영국의 워즈워스풍의 특성과 연결해서 이해하려는 사람이 많다. 여기에는 일종의 도피주의적 의식이 담겨 있다. 현실과 의무로부터 계속적으로 비행하는 것은 그의 일과이자 궁극적으로 궤도에서 벗어나게 하는 힘을 지니고 있다. 작품이 독자와 친근하게 만날 수 있게 만드는 것은 시행의 음악성이나 활자의 힘만이 아니라, 시인이 남긴 덕이 아닐까 여겨진다. 부드러움 속에 영혼을 단련시키는 시인의 의지가 꽃이라는 이미지 속에 깊이 자리하고 있다.

독일 쾰른에 있는 BC 3세기경 고대 로마시대 송수로 유적

15.

오, 우물의 입, 베풂의 그대, 그대 둥근 입
힘이 다하도록 한 가지, 순수한 것을 말하노라, —
흐르는 물살의 얼굴 앞. 그대 대리석 마스크
그리고 긴 송수로 뒤로 자리한 원천.

그 멀리 수많은 묘지들을 지나
송수로는 아페닌 산마루로부터 그대에게
그대가 말하고자 하는 걸 가져다준다.
그리고는 늙어 검어지는 그대의 턱을 지나

그 아래 물통으로 떨어진다.
이것은 잠자듯 누운 귀
그대가 영원히 속삭일 대리석-귀

대지의 귀 하나. 그러므로 혼자서만 중얼거린다.
언젠가 항아리 하나를 거기에 대면
그대로 인하여 물길이 끊긴 듯하도다.

O BRUNNEN-MUND, du gebender, du Mund,
der unerschöpflich Eines, Reines, spricht, —
du, vor des Wassers fließendem Gesicht,
marmorne Maske. Und im Hintergrund

der Aquädukte Herkunft. Weither an
Gräbern vorbei, vom Hang des Apennins
tragen sie dir dein Sagen zu, das dann
am schwarzen Altern deines Kinns

vorüberfällt in das Gefäß davor.
Dies ist das schlafend hingelegte Ohr,
das Marmorohr, in das du immer sprichst.

Ein Ohr der Erde. Nur mit sich allein
redet sie also. Schiebt ein Krug sich ein,
so scheint es ihr, daß du sie unterbrichst.

해설

『소네트』 전체의 통일적 분위기를 갖춘 가장 대표적인 시이다. 유럽의 도시에는 샘터나 분수들이 많다. 특히 로마에는 전통적인 긴 수로관은 점차 사라지고 실질적인 것으로 대치되었지만, 트레비 분수 등 수많은 전설이 서린 명소들이 많다.

이것들은 보기에는 단순하고 소박하지만 광장의 그 어떤 커다란 건물보다도 감동을 주고 여인들은 예전부터 쓰던 물동이로 물을 긷는 등 문화전통과의 만남이 이루어진다. 대리석으로 된 샘터가 순전히 그리스 중부의 산봉우리(고답적인 19세기 시인들의 유파)의 재료이지만, 릴케는 그것들을 물을 주제로 하는 상징주의 음악의 분위기로 이끈다. 빛, 소리, 동작의 힘을 받아 사물이 살아서 진동하게 하는 말라르메의 영향도 느껴진다.

자연의 소리를 듣는 오르페우스는 또한 스스로에게 말할 수 있다. Ⅰ부의 처음과 마지막 소네트에서처럼 사람은 결국 입이 되고, 노래하는 자신이 된다. 샘의 웅덩이는 '귀'가 된다. "우물의 입"(1행)은 '주는 것', '한 가지 것', '순수한 것'만을 말하는 본원적 세계이다. 그것은 흐르는 물길 위의 '대리석 마스크'로 비유된다. 우물의 입은 말(이야기, 전설)을 전해 준다. 검게 늙어 가는 턱을 지나 그릇 속으로 나선다. 물을 받기 위한 그릇은 잠자듯 누운 대지의 귀이며, 그 안에다 자기의 이야기를 속삭인다. 그러므로 땅이 자기 자신과 이야기를 하는 것이다. 이러한 복잡한 은유법은

트레비 분수

형태감과 상상력을 어떤 신비스런 속삭임으로 은폐시킬 수 있을까 하는 의문을 불러일으킨다.

샘물은 신화적이며, 순수하고 감각적 완성 과정에 있어서 존재의 성격을 지닌 채, 개인적인 회상의 이미지로 나타난다. 순환의 본성을 지니고 있는 물은 교환·순환·변천의 테마와 연결되며, 성스러운 통합적 존재의 양상으로 나타난다. "아페닌 산 Apennins"(6행)과 "턱 Kinns"(8행)이 2격의 같은 운으로 묶인 것은 자연과 인간의 조화 의지가 얼마나 강하게 일치되고 있는가를 느끼게 하고, 두 개의 4행시에서 3행시로 넘어가는 과정에서 리듬적인 형상과 이미지적인 내용이 특히 하나로 다듬어져 있다.

16.

줄곧 우리들에 의해 찢기면서도
신은 모든 걸 낫게 해주는 곳
알고픈 게 너무나 많은 우리는 날카롭지만
그는 맑고 밝으며 존재하지 않는 곳이 없노라.

봉헌된 순수한 물건까지도
자기 세계 안에 거리낌 없이 받아들이며
움직이지 않으면서
자유로운 종말에 마주할 뿐이노라.

죽은 자만이 마시는
우리가 이승에서 듣던 샘물
그러면 신이 죽은 자, 그들에게 말없이 손짓하노라.

우리들에게 전해진 건 소음뿐.
그러자 어린 양은 더욱 조용한 본능으로
자기의 방울을 간절히 요구하노라.

IMMER wieder von uns aufgerissen,
ist der Gott die Stelle, welche heilt.
Wir sind Scharfe, denn wir wollen wissen,
aber er ist heiter und verteilt.

Selbst die reine, die geweihte Spende
nimmt er anders nicht in seine Welt,
als indem er sich dem freien Ende
unbewegt entgegenstellt.

Nur der Tote trinkt
aus der hier von uns *gehörten* Quelle,
wenn der Gott ihm schweigend winkt, dem Toten.

Uns wird nur das Lärmen angeboten.
Und das Lamm erbittet seine Schelle
aus dem stilleren Instinkt.

해설

위기에 직면한 총체성, "찢긴"(1행) 불완전한 존재가 된다. 타락한 존재는 치유하는 신을 필요로 한다. '물'과 '듣기'의 모티브(Ⅱ. 15)가 다시 돌아와, "이승에서 듣던 샘물"(10행)의 형상으로 요약된다. 산 자는 들음에서, 죽은 자는 소리 없는 말에서 소통이 이루어진다.

인생은 원래 호기심, 투쟁, 고통들로 이어진다. 신만이 밝고 명랑하다. 인간은 날카롭기 그지없는 모난 존재인 반면에, 자연과 분리되어 사는 신은 우주적이다. "알고픈 게 너무나 많은 우리는 날카롭지만/그는 맑고 밝으며 존재하지 않는 곳이 없노라."(3～4행) '나뉘다'의 뜻인 'verteilt'(4행)는 '날카로움 Schärfe'(3행)의 집중성에 상반되는 확산 또는 포괄의 의미를 지닌다. 아무런 움직임도 없다. 수동적인 힘이 남용될 필요가 없기 때문이다. 비저항의 자세로 죽음의 은혜를 얻지 못하고 그 소리만 듣게 된다. 죽은 자만이 신성한 멜로디에 참여할 수 있고, 마지막 행에는 그 운명을 받기를 즐거워하고, 그 종소리를 찾는다. 이것은 「제9비가」에서도 주제로 등장한다.

마지막 연에서는 어린 양의 이미지가 부각된다. 주의력 없는 연약한 동물로서 이끄는 대로 따라다니는 양을 통해 영원히 고집불통인 반항적 인간이 고통을 받아야만 하리라는 생각과 일치한다. 종 울림에 따라 습관적으로 움직이는 가축의 조건반사를 염두에 두면서 피조물의 지혜를 깨닫는 더 높은 지혜가 강조된다.

「제8비가」에도 비슷한 소재가 다루어지고 있다.

그런 소원은 시 형식 전반에도 잠재해 있다. 내재운 "Winkt"(11행) - "trinkt"(9행)의 연결과 활발해지는 미운, 9행이 짧아지고 월행으로 10행에 더 연결되거나, 첫째 3연시의 교차어법 "Tote trinkt"(9행) - "winkt, dem Toten"(11행), 두 번째 3행시의 음향적 유사성 "lärmen"(12) - "Lamm"(13), 그리고 "Nur"(9), "Uns"(12), "Und"(13), "aus der"(10), "aus dem"(14) 등도 그런 문장 조직의 특징을 유지한다.

양은 순수와 희생의 상징으로 인간의 원죄에 대한 종교적 표현이다.

17.

어디던가, 항상 복되게 물댄 뜰 안의 어떤 나무들에
연약하여 꽃잎마저 잃고만 꽃받침에서
위로의 낯선 과일들이 익어가고 있는가?
아마도 밟아서 망가진 그대 가난의 풀밭에서

발견한 그 맛있는 과일들. 끊임없이
그대는 과일의 크기에, 껍질의 부드러움에
신선하여 몸에 좋은 그 모습에, 새의 경솔함이나
저 아래 벌레의 시새움이 그대로부터 그것을 채가지 않았을까.

그대를 미리 방해하였음에 놀랐으리라. 천사들이 함께 날아오고
남의 눈에 띄지 않는 정원사들 찬찬한 손길로 다듬어 주어
우리 것이 아니면서도 열매를 맺게 하는 그런 나무들이 있을까?

우리는 할 수 있었던 적이 있었던가, 그림자와 허깨비인 우리는
너무 성급하게 익었다 다시 시들어 가는 행동으로 인하여
저 느긋한 여름의 태평스러움을 흩트릴 수 있었을까?

Wo, in welchen immer selig bewässerten Gärten, an
welchen
Bäumen, aus welchen zärtlich entblätterten Blüten-
Kelchen
reifen die fremdartigen Früchte der Tröstung? Diese
köstlichen, deren du eine vielelicht in der zertretenen
Wiese

deiner Armut findest. Von einem zum anderen Male
wunderst du dich über die Größe der Frucht,
über ihr Heilsein, über die Sanftheit der Schale,
und daß sie der Leichtsinn des Vogels dir nicht vorweg-
nahm und nicht die Eifersucht

unten des Wurms. Giebt es denn Bäume, von Engeln
beflogen,
und von verborgenen langsamen Gärtnern so seltsam
daß sie uns tragen, ohne uns zu gehören? [gezogen,

Haben wir niemals vermocht, wir Schatten und Schemen,
durch unser voreilig reifes und wieder welkes Benehmen
jener gelassenen Sommer Gleichmut zu stören?

해설

베라의 어머니를 위로하기 위해 쓴 시. 큰 슬픔은 신비로운 과일처럼 무르익어서 작은 슬픔으로 나타난다. 자연의 느긋한 성장을 보여주는 닥틸루스의 긴 시행의 3연은 "너무 성급하게 익었다 다시 시들어 가는 행동"(13행)을 보여주는 인간과 구분된다. "느린" 정원사의 작업은 규정된 성숙기의 자연적인 리듬과 조화를 이룬다.

위의 사실들은 '위로'를 필요하게 만든다. 그 형상이 샘물 모티브를 계속시키는 "복되게 물댄 뜰"(1행)과 "위로의 낯선 과일들"(3행)에 대한 질문, 즉 식물과 동물의 우주를 전개시키고, "저 느긋한 여름의 태연함을 흩트릴 수 있었을까"(14행) 하는 스스로의 질문으로 집약되고, 그 속에는 위로받을 수 있는 모든 것들이 살면서 경험된다. 그것은 이미 Ⅰ부의 17, 21, 22소네트에서 풍자된 "성급함 Eile"이나 "빠름 Schnelligkeit"과 대비되는 계절의 꾸준한 성장 리듬이 테마로 받아들여진다.

『신시집』이나 21소네트에서처럼 아름다운 정원을 창조하는 예술가의 모습을 보여주고 있다. 「제10비가」의 낯선 풍경이나 황금사과밭을 지닌 네 자매 '헤스페리데스'를 연상시킨다. 이들은 그리스 신화에 나오는 서쪽 아틀라스 산맥 근처의 요정으로서 가이아가 헤라에게 혼인 선물로 준 황금사과의 낙원을 지키는데, 아주 침착하게 죽음의 경지를 즐긴다.

첫 충격의 소란, 치유의 기나긴 마비, 마침내 정화된 그리고 항상 찬양된 기억… 비록 긴 한숨을 내뱉기는 하지만, 표현할 길 없는 슬픔과 달콤함을 벗어날 수 있다. 오래전에 세상을 떠난 어머니, 사랑하는 프라 안젤리코 Fra Angelico 천사들, 사과나무 속에 잠자고 있는 수많은 새들이 회상된다. 물론 이곳의 천사는 『비가』의 무서운(두려운) 존재와 거리가 멀다.

「천사들」(프라 안젤리코)

18.

춤추는 여인이여, 오오 그대 온갖 덧없음을
발걸음으로 옮기는 이여, 어떻게 그리도 잘 해내었는가.
그리하여 휘도는 마무리 동작, 움직임으로 이룩된 이 나무
거기엔 견디어 온 세월이 온통 담겨 있지 않던가?

그대의 춤사위가 휘돌아 몰려든 그 나무 우듬지에
소리 없이 꽃피지 않았던가? 그러나 그 위에는
태양도, 여름도 아니었던가. 그대에게서 나온
헤아릴 길 없는 그 따뜻함이 아니었던가?

그러나 열매는 맺었다, 열매를. 그대의 황홀의 나무였다.
그것들은 평화로운 과일이 아니던가. 익어가면서
줄이 그어진 항아리, 그리고 여전히 풍만한 꽃병?

잔뜩 치장된 그 속에는 그림이 남아 있지 않았으랴?
그대 눈썹의 검은 선이 휙 스치며
그것들이 휘돌아 가는 벽면의 소묘가 아니었을까?

TÄNZERIN: o du Verlegung
alles Vergehens in Gang: wie brachtest du's dar.
Und der Wirbel am Schluß, dieser Baum aus Bewegung,
nahm er nicht ganz in Besitz das erschwungene Jahr?

Blühte nicht, daß ihn dein Schwingen von vorhin
umschwärme,
plötzlich sein Wipfel von Stille? Und über ihr,
war sie nicht Sonne, war sie nicht Sommer, die Wärme,
diese unzählige Wärme aus dir?

Aber er trug auch, er trug, dein Baum der Ekstase.
Sind sie nicht seine ruhigen Früchte: der Krug,
reifend gestreift und die gereiftere Vase?

Und in den Bildern: ist nicht die Zeichnung geblieben,
die deiner Braue dunkler Zug
rasch an die Wandung der eigenen Wendung
geschrieben?

해설

"휘도는 마무리 동작, 움직임으로 이룩된 이 나무"(3행)가 형상 영역을 바꾸어 식물의 직유 모티브를 통해서 앞의 것과 연결된다. "휘도는 것 Wirbel"(3행)은 "평화로운 과일 ruhige Früchte"(10행)를 야기하고, "마무리 Schluß"(3행)는 원천이 되고, 9행의 "황홀의 나무 Baum der Ekstase"와 연관된다. 춤추는 여인은 황홀경의 존재 정점에서 인간에게 가능한 평온과 움직임의 통일성을 나타낸다. 나무, 과일, 여름, 따뜻함의 여러 형상들, 또한 항아리, 적막, 그림의 암어들이 폐쇄된 구도를 만들고, 앞의 다른 소네트 속의 결어 부분들과 연결된다. 지나간 것들이 현재에 닿는 시간의 묘미를 깨닫게 한다.

교차운(1, 2연)과 연쇄운(3, 4연)을 기본으로 삼으면서 릴케는 언어예술가로서의 재능을 유감없이 발휘한다. 간결한 문체와 운율적인 미는 춤추는 여인의 당당한 모습을 청각 내지 시각적으로 잘 보여준다. 첫머리에 나오는 춤 동작은 예술적 표본을 연상시키면서 독자의 눈길을 무희 자신의 행위와 동작, 특히 '발걸음 Gang'으로 이끈다. 5, 6행에서는 "그대의 춤사위가 휘돌아 몰려든 그 나무 우듬지에/소리 없이 꽃피지 않았던가?"라는 구절은 "춤사위 Schwingen"이 "정적의 나무 우듬지 Wipfel von Stille"로 집중되는 모습, 즉 여인은 온통 춤이 되고, 움직임 전체에 그녀의 모든 것이 바쳐진다. 그리하여 '온갖 덧없음'을 변용할 수 있는 계기가 된다. 변용과 초월은 덧없음과 소멸 속에 이루어진다. 따라서 여기서의 “옮김”은 위치 변경이 아니라, 차원을 바꾸는 것, 다시 말해서 삶의 모습을 바꾸어 새로운 토대 위에 올려놓는 변용이다.

말라르메의 「방황 Divagations」, 발레리의 「사랑과 춤 L'Ame et la danse」, 키츠의 「그리스 꽃병 Grecian Urn」 등과 유사하다. Ⅰ부 15소네트에서 오렌지를 춤추는 소녀가 나타나는데, 그녀 자신으로부터 과일을 키워 준 따뜻한 기후의 조건들이 감지된다. 만유무상(萬有無常)은 어휘의 표현들을 통해서 감각, 즉 삶의 변전 속으로 빠져들게 한다. 그런 후에 무희가 나타나, 일시적인 모든 것을 직접적인 춤의 행위로 전환시킨다. 그리고 그것을 하나의 클라이맥스에 고정시켜, 시간에 따라 작은 길목이 표시되고, 중단과 지속을 거듭하다가 곧게 솟은 아름다운 나무, 물동이 모두가 지속의 감정을 보여준다. 오르페우스에 의해서 세워진 나무, 광범위한 수고와 긴장으로 가득한 시기, 자연에서 가장 달콤한 선물을 물려준 벌꿀들, 이 아름다운 모양의 나무에서 떼 지어 다니는 어린 소녀의 따사로움이 창조의 과정 속에 들어선다. 시 「스페인 무희」의 마지막 부분과 Ⅰ부 15와 25소네트와 비교될 수 있다.

19.

어디던가 살림살이가 헤픈 은행에 황금이 살면서
다른 금붙이들과 친하게 지냈노라. 하지만 거기 눈먼 자
거지는 십전짜리 동전에게도 버림받은 곳,
장롱 속 먼지 낀 구석과 같도다.

돈은 가게 안에 집처럼 들어앉아서 편안하다.
카네이션과 모피가 달린 비단옷으로 눈부시게 치장하였지만
그러나 깨어 있거나 잠자고 있거나 숨쉬고 있는 모든 돈의
숨결 사이에
거지, 침묵 속의 그 사람은 잠시 쉬고 있노라.

오, 항상 열린 이 손은 밤이 되면 어떻게 닫히는가?
내일이면 운명이 그것을 다시 가져가 날마다 잡아매 둔다.
밝고, 비참하게, 무한히 파괴시킬 수 있게 함이라.

하지만 그걸 꿰뚫어 보는 자만이 끝내 그들의 기나긴 존속을
놀란 가운데 알아보고 찬양하리라. 오직 노래 부르는 자에게만
말할 수 있고, 오직 신성한 자에게만 들리리라.

IRGENDWO wohnt das Gold in der verwöhnenden Bank
und mit Tausenden tut es vertraulich. Doch jener
Blinde, der Bettler, ist selbst dem kupfernen Zehner
wie ein verlorener Ort, wie das staubige Eck unterm
Schrank.

In den Geschäften entlang ist das Geld wie zuhause
und verkleidet sich scheinbar in Seide, Nelken und Pelz.
Er, der Schweigende, steht in der Atempause
alles des wach oder schlafend atmenden Gelds.

O wie mag sie sich schließen bei Nacht, diese immer
offene Hand.
Morgen holt sie das Schicksal wieder, und täglich
hält es sie hin: hell, elend, unendlich zerstörbar.

Daß doch einer, ein Schauender, endlich ihren langen
Bestand
staunend begriffe und rühmte. Nur dem Aufsingenden
säglich.
Nur dem Göttlichen hörbar.

해설

"돈은 가게 안에 집처럼 들어앉아서 편안하다./ 카네이션과 모피가 달린 비단옷으로 눈부시게 치장하였지만"(5~6행)이라는 구절을 중심으로 소네트는 이데올로기적 비판의 출발점을 이루어, 빈부의 문제를 다룬 사회시라고 할 수 있겠지만, 오르페우스의 가닥을 놓치고 있지 않다. 가난한 자들은 항상 우리들과 함께 있다. 『말테』나 편지, 다른 시 작품들 속에서 묘사되는 인물상처럼 '거지'나 '눈먼 자'는 상실감과 소외감을 겪으면서 존재 상승의 신비를 이룬다. 손을 테마로 한 로댕의 조각 작품들을 구걸이란 주제와 연결시킨 릴케의 의도를 상기할 수 있게 한다.

'눈먼 거지'는 무용수의 상반 이미지로서 보완 작용을 하면서, 기다림 속에, "숨결"(7행)에, "그들의 기나긴 존속"(12행) 속에 본질을 이룬다. Ⅰ부 18소네트의 갑작스런 황홀감과 "비참하게, 무한히 파괴시킬 수 있게"(11행) 하는 것과 Ⅱ부 19소네트의 "끊임없이 운명에 내몰림"이란 인간존재의 두 가지 방법을 보여준다.

개별적인 호흡과 "우주"의 무제한적인 영역이 상호 교환되는 가운데 말과 침묵의 관계가 조명된다. '현존 présence'과 '부재 absente'의 구조는 시적인 언어를 표시하는데, 완성된 빈 것, 즉 말라르메풍의 '침묵하는 시'에 뿌리를 둔다. "오직 노래 부르는 자에게만/말할 수 있고, 오직 신에게만 들릴 것이라"(13~14행)에서 볼 수 있듯이, 나무껍질, 둥근 모습, 나무이파리 등이 나무 형상을 부여한다. 개인적인 말들은 형상적인 "껍질"을 다시 바꾸고, 그것들은 우주의 침묵 속으로 다시 가라앉는다. 특히 『형상시집』에 수록된 연작시 「목소리 Die Stimmen」(SW Ⅰ. 447~456)란 시와의 관계, 그리고 두 개의 3행시 간의 운율 조화와 'zerstörbar'(11행)와 'hörbar'(14행)의 연관성도 주목할 필요가 있다.

「기도하는 손」(알브레히트 뒤러)

20.

별들 사이는 얼마나 먼가. 이 세상에 섞여 살면서
우리가 배우는 것은 얼마나 멀고 먼 것일까.
어떤 사람, 이를테면 한 아이이거나… 그 이웃, 또 다른 사람,
오, 얼마나 닿을 수 없이 멀리 있는가.

운명, 그것은 우리를 아마도 존재의 한 뼘으로 측정하고
이렇게 불길한 모습으로 나타나지만, 생각해 보라.
소녀가 겉으로는 피하지만 마음속에 두고 있는 남자가 있다면
그들 사이에는 얼마만한 큰 간격이 있는지.

모두 멀리— 있고, 어디에도 만남의 동그라미가 그려지지 않노라.
보라. 기쁜 마음으로 준비된 테이블 위
접시 속 물고기들의 별난 얼굴을

그들은 말이 없고…, 사람들은 그렇게 생각했지만, 누가 알랴?
그러나 마지막에는 물고기들의 말일 그것을
그들 *없이도* 말하는 그런 곳이 있지 않을까?

ZWISCHEN den Sternen, wie weit; und doch, um wievieles
was man am Hiesigen lernt.   [noch weiter,
Einer, zum Beispiel, ein Kind... und ein Nächster, ein
o wie unfaßlich entfernt.   [Zweiter-,

Schicksal, es mißt uns vielleicht mit des Seienden
daß es uns fremd erscheint;   [Spanne,
denk, wieviel Spannen allein vom Mädchen zum Manne,
wenn es ihn meidet und meint.[4)]

Alles ist weit—, und nirgends schließt sich der Kreis.
Sieh in der Schüssel, auf heiter bereitetem Tische,
seltsam der Fische Gesicht.

Fische sind stumm..., meinte man einmal. Wer weiß?
Aber ist nicht am Ende ein Ort, wo man das, was der
Sprache wäre, *ohne* sie spricht?   [Fische

---

4) "피하다 meiden"와 "주장하다 meinen"는 엄밀히 다르면서도 같은 의미로 쓰이는 특이한 어휘군이다. "meinen"은 'minnen', 즉 '사랑한다 lieben'는 뜻이며, 소녀와 남자 사이의 "간격 Spanne"에 민감한 반응을 보여준다.

해설

시 중간의 '운명'(5행)이 부각된다. 인간과 인간, 인간과 사물 간의 거리가 '낯설음'을 나타낸다. 단편적인 현존재는 "소녀가 겉으로는 피하지만 마음속에 두고 있는 남자가 있다면/그들 사이에도 얼마만한 큰 간격이 있는지."(7~8행)라고 하여 침묵을 자아를 향해 더 이상 연결시키지 못할 차이로 인식한다. 그런 소녀를 보면 기쁘다. 그러나 물고기의 얼굴들, 빵가루, 레몬 조각, 보르도 소스 등 그 모든 것이 별, 존재, 사랑으로 연결된다. 그리고 은빛 기포로 통하는 축축한 순음들로 된 어류의 대화와 마지막 별난 생각은 순식간에 사라진다. 어쨌거나 물고기는 대화를 나누고, 서정적 자아는 전복을 따기 위해 잠수하는 동안 그들의 소리를 듣는다.

시 전체에서 상반되는 두 부분은 더 높은 차원을 향해 해체, 연결되면서 "Sprache"와 "sprechen"의 관계에 대해 주의를 환기시키고 있다. 인간들 사이의 간격은 그러므로 "별들 사이"보다 "더 많고 넓게" 보인다. 물고기의 바라봄에서 나타나고, 그것이 소위 침묵을 지킨다. 그러나 "물고기들은 말이 없고…, 사람들은 그렇게 생각했지만, 누가 알랴?/그러나 마지막에는 물고기의 말일 수가 있을 그것을/그것들 없이도 말할 수 있는 그 어떤 곳이 있지 않을까?"에서 언어 대신 침묵이라는 새로운 명제를 제시한다.

"언어의 외적인 행동"이 사라져가고, 변천을 넘어서는 어떤 고정적인 힘이 있지 않는가. 물고기의 얼굴은 "특이하게" 남아서, 물고기의 언어가 존재하리라는 가정이 착각이라는 사실을 드러낸다.

시의 후반부는 "모두 멀리 — 있고, 어디에도 만남의 동그라미가 그려지지 않노라."(9행)로 냉혹하게 연결된다. 물고기의 침묵에 대한 낯설게 나타나는 것은 의혹적인 결말에도 불구하고 아무런 의문이 존재하지 않고, "이승"의 넓고 먼 것은 언어의 결함에 근거하고 있다는 것을 마지막으로 알린다. 그것은 "멀리 별들 사이에" 있다. 그 멀고 드넓음은 "우주공간" 안에 존재하는 것이 아니던가. 운명으로서 "이승에" 주어져, "어떤 사람, 이를테면 한 아이이거나… 그 이웃, 또 다른 사람,/오, 얼마나 닿을 수 없을 정도로 멀리 있는가."(3~4행)라는 탄원으로 이어진다.

인간들 사이에, 사랑의 관계 속에도, 원을 그려 맺는 "대화"가 존재하지 않는다. 1901년 8월 17일 엠마누엘 폰 보트만 Emanuel von Bodman에게 보내는 편지에서 릴케는 결혼 문제를 언급하면서 아주 가까운 사람 사이에도 무한한 거리가 존재함을 강조하고 있다. 멀고 넓은 곳은 이 소네트에서 가까움의 반대일 뿐만 아니라, "이승"의 특성인 몰이해와 침묵을 의미한다.

그리고 인간과 인간의 관계로 넘어가는 승인과 동의의 이미지이자 "다리"로 형상화된다. 그래서 "생각해 보라. 도망치는 소녀와 그 소녀가 원하는 남자 사이의/얼마나 많은 간격들만이 있는지"(7~8행)라는 구절이 호소력을 지닌다. 우주적인 것도 인간적인 존재도 그 넓고 먼 것을 넘어설 가능성을 가지고 있지 못하다. 사람들이 이승에서 배우는 것은 먼 것을 극복할 수 없다는 일과 "동그라미"를 이루는 것이 불가능하다는 것이리라. 그것은 피카소, 마티스, 브라크가 그린 정물화 중 "말없는" 물고기의 형상이다. 시에 묘사된 접시 안과 넓은 식탁, 그리고 그 위의 "별난" 얼굴, 그에 대한 전반적인 탄원이 내용적으로 일치한다.

21.

정원들을 노래하라, 내 사랑이여, 유리컵에 부어넣은 듯
투명하여 손댈 수 없는, 미지의 그 모습들을
이스파한이나 쉬라스의 분수와 장미
복된 노래를 불러라, 견줄 데 없는 그들을 찬미하라.

보여주오. 내 사랑이여, 그대가 그들 없이도 지낼 수 있음을.
그 무르익는 무화과 열매들은 그대를 마음에 두고 있음을.
그대가 보일 만큼 모습을 크게 해가며, 꽃핀 나뭇가지를 지나
불어오는 산들바람과 벗이 되고 있음을.

존재하리라는 그런 굳은 마음에서 생긴
새로운 상실감을 생각하는 잘못에서 벗어나라.
명주실이여, 그대는 짜여 비단 천이 되었노라.

그대가 마음속 깊이 느끼던 무늬가 어떠하든
(혹시 고통스런 삶의 한순간이더라도) 잊지 말아야 할 것은
훌륭하고도 완전한 양탄자가 아니었더냐.

SINGE die Gärten, mein Herz, die du nicht kennst;
eingegossene Gärten, klar, unerreichbar. [wie in Glas
Wasser und Rosen von Ispahan[5] oder Schiras,[6]
singe sie selig, preise sie, keinem vergleichbar.

Zeige, mein Herz, daß du sie niemals entbehrst.
Daß sie dich meinen, ihre reifenden Feigen.
Daß du mit ihren, zwischen den blühenden Zweigen
wie zum Gesicht gesteigerten Lüften verkehrst.

Meide den Irrtum, daß es Entbehrungen gebe
für den geschehnen Entschluß, diesen: zu sein!
Seidener Faden, kamst du hinein ins Gewebe.

Welchem der Bilder du auch im Innern geeint bist
(sei es selbst ein Moment aus dem Leben der Pein),
fühl, daß der ganze, der rühmliche Teppich gemeint ist.

---

5) 이란 제2의 도시. 약 43만의 인구. 황폐한 고원지대에 자리한 비옥한 오아시스로서 이란의 직물산업과 수송의 중심지.

6) 이란의 인구 약 30만의 지방 수도로 계곡과 산악지대. 관개시설로 인하여 농경재배가 가능하며, 현대 산업화 시설도 많다. 유명한 페르시아 시인 하피스 Hafis와 사디 Saadi의 출생지이기도 하다.

해설

언어의 표현이 억제되고, 신비에 휩싸인 20소네트 말미 상황에 연결된다. "정원들을 노래하라, 내 사랑이여, 유리컵에 부어넣은 듯/투명하여 손댈 수 없는, 미지의 그 모습들을"(1～2행)이란 구절은 17소네트의 "항상 복되게 물댄 뜰 안"이란 것과 동일선상에서 이해될 수 있다. 거기에 이국적인 그리움을 불러들여 중동의 환상적인 정원이 강한 명령법 문장 "잊지 말아야 할 것은 훌륭하고도 완전한 양탄자가 아니었더냐"(14행)로 표현된다. 하지만 이제 환희의 탄성이 터져 나오고, 자리를 비운 곳에서 "위로의 과일"(Ⅱ. 17)을 현존하는 것으로 파악한다. 감격의 전제는 인간이 간직한 통합적인 현존재의 순환 속에서 발견된다.

또한 시인의 마음은 「제6비가」에서처럼 고향에서 익어 가는 무화과나무를 향하고 있다. 9～10행의 표현기법은 곡언법, 즉 반의어법이다. 생존 이전과 이후의 존재로서 완전하게 짜인 양탄자 속의 비단실이다. 슈테판 게오르게 Stefan George는 『양탄자 *Der Teppich*』에서 "벗겨진 선상의 풍부한 자수놀이로/부분들은 그들의 줄 속에서 서로 뒤엉키고/섞여 짜여진 수수께끼 같은 것들이"라고 노래하면서 유사한 상념을 제시하고 있다. 전체의 비전이란 말을 통해 각자에게 전달되고 있지는 않다는 점도 강조된다.

릴케가 자신의 목소리로 이 시를 읽어주는 것 같은 느낌이 든다. 이 세상의 삶 자체가 한낱 티끌에 지나지 않으리라는 인식에

아스파한의 다리

다다르게 한다. 유기적이며 리듬적 규칙성과의 연결이 강화된다. 자연의 성숙기가 계절의 흐름을 통하여 조절된다면 언어의 성숙기는 그의 역사적 원천에 관련된다. 뿌리 모티브와 계통수 메타포가 그것을 나타낸다. "미지의"(1행) 정원에 던져지는 수수께끼 같은 나무의 외침이 아닐까. 나뭇가지들은 우주의 드넓은 곳으로 방해받지 않는 눈길을 차단한다. 분리하는 기능의 가지들은 거리를 규정하고 윤곽을 만들며 넓이를 느낄 수 있게 한다.

22.

오, 운명에도 불구하고, 우리 현존재의
찬란한 넘침, 거품 일으키며 공원 속에 넘쳐나리라, —
아니면 높은 문의 종석(宗石) 옆에
발코니 아래 세워진 돌 형상처럼

오, 청동의 종이여. 날마다
지루한 일상에 맞서 소리를 울리노라.
아니면, 카르낙의 기둥, *그 하나가*
너무 오래도록 서 있어서 거의 영원한 사원들을 잃었다.

오늘날에는 모두가 넘쳐나 곤두박질치며 지나간다.
그러나 속도를 줄이지 못한 채 성급히 지나갈 뿐
노란 수평적 낮에서 불빛 눈부신 밤으로 향한다.

그러나 광란은 사라지고, 아무런 흔적도 없다.
대기를 지나 그려지는 비상의 곡선, 그런 허공은
아마 공연한 일은 아니겠지. 생각뿐이겠지만.

O TROTZ Schicksal : die herrlichen Überflüsse
unseres Daseins, in Parken übergeschäumt, —
oder als steinerne Männer neben die Schlüsse
hoher Portale, unter Balkone gebäumt!

O die eherne Glocke, die ihre Keule
täglich wider den stumpfen Alltag hebt.
Oder die *eine*, in Karnak, die Säule, die Säule,
die fast ewige Tempel überlebt.

Heute stürzen die Überschüsse, dieselben,
nur noch als Eile vorbei, aus dem waagrechten gelben
Tag in die blendend mit Licht übertriebene Nacht.

Aber das Rasen zergeht und läßt keine Spuren.
Kurven des Flugs durch die Luft und die, die sie fuhren,
keine vielleicht ist umsonst. Doch nur wie gedacht.

해설

앞의 시가 삶의 고통을 노래 부르고 있다면, 여기에서는 표면적인 힘이 넘치는 실존의 문제가 대상을 이룬다. 커다란 공원분수의 아름다움, 오랜 건축물들의 위엄, 종소리, 노트르담의 장엄한 오르간 소리, 그리고 카르낙의 큰 기둥 같은 문화유산들이 이미지로 등장하면서 과거를 오늘의 시간 속에서 다시 느낄 수 있게 한다.

2연은 1600년 보리스 고두노프 Boris Godunov에 의해 세워진 이반 대왕의 크렘린 종각을 회상하게 한다. 릴케는 1900년 부활절에 그곳에 들렀던 사실을 1904년 3월 루 안드레아스 살로메를 회상하는 글에서 피력한 바 있다. 그리고 1911년 1월 18일 이집트 25 왕조의 타하르카 왕(B.C. 690~664)의 달빛 속에 잠긴 기둥과 카르낙의 불가사의한 사원세계에 대해서 아내 클라라에게 편지로 써 보낸 구절도 이와 연관된다.

잠재되어 있는 시간의 부차적 모티브가 중심 테마로 나타나, 그것을 "성급함 Eile"(10행)과 "광란 Rasen"(12행)으로 표현되는 시간적 흐름을 다시 비상(飛翔) 모티브로 구체화한다. 빠르기를 최고의 척도로 인식하는 속도계 시간은 스쳐지나가는 자에게 전진만을 목표로 삼게 한다. 더욱이 과거·현재·미래를 하나로 파악하는 능력은 물론, "낮의 수평저울"에서 전 존재의 리듬적 순환 속에 도달하는 힘까지도 상실한다.

그런 것들은 오늘날 높은 스피드가 자아내는 광란 속에서 사라져간다. 속도를 얻기 위해 다른 모든 것들을 잃고 있는 우리가 아닌가. 릴케는 감상적 낭만주의자이다. 그는 전기 등 문명의 이기가 없는 거친 깊은 바닷가 성을 좋아했다.

이집트 타하르카 왕[7]

7) B.C. 8~7세기에 이집트를 통치하던 누비아의 마지막 왕. 아시리아 인의 침략을 막는 한편 나일 강변을 따라 웅장한 기념관을 세우는 등 위세를 떨쳤다. 그러나 아시리아 왕 아슈르바니팔의 군대가 쳐들어와 타하르카는 결국 누비아로 쫓겨나, 그곳에서 B.C. 664년에 죽었다.

23.

쉬지 않고 그대에게 맞서는
그대의 무수한 시간들에 나를 불러 주오.
개의 얼굴처럼 가까이서 간청하면서
그러나 마침내 붙잡을 수 있으리라 생각될 때면

줄곧 몸을 돌렸노라.
그렇게 사라져버린 것은 거의 다 그대 것이라.
우리는 자유롭다. 환영받으리라고
생각했던 그곳에서 우리는 풀려났노라.

애타는 마음으로 우리는 붙잡아 주기를 갈망했노라.
옛것에 비해 너무나 젊은 우리
존재하지 않았던 것에 비해서는 너무 늙었노라.

그런 중에도 오직 옳다 할 수 있는 건 찬양뿐.
우리는, 아, 나뭇가지이고 쇠붙이이며
무르익는 위험의 달콤함이기 때문이리라.

RUFE mich zu jener deiner Stunden,
die dir unaufhörlich widersteht:
flehend nah wie das Gesicht von Hunden,
aber immer wieder weggedreht,

wenn du meinst, sie endlich zu erfassen.
So Entzognes ist am meisten dein.
Wir sind frei. Wir wurden dort entlassen,
wo wir meinten, erst begrüßt zu sein.

Bang verlangen wir nach einem Halte,
wir zu Jungen manchmal für das Alte
und zu alt für das, was niemals war.

Wir, gerecht nur, wo wir dennoch preisen,
weil wir, ach, der Ast sind und das Eisen
und das Süße reifender Gefahr.

해설

인간은 시간에 맞서 살고 있다. 항상 그것과 함께 있다가, 영원히 그것으로부터 사라지기도 한다. 일단 행한 일이 없어지면 기억이란 것이 작용이 되어 보석이 되며, 그리하여 영원한 소유가 된다. 그러나 우리가 환영받으리라 여겨지는 곳에서 이따금 우리는 좌절에 빠진다. 항상 영원성을 찾아나가며, 그것을 위해서는 너무나 새것이 과거와 그것을 위해서 너무나도 구식이 되어버린 새것 사이로 떨어진다. 참다운 삶은 찬양에 있으며, 결국 우리는 익어 가는 과수이며 그것을 자르는 칼이기 때문이다. 이것은 "나는 의심하는 자이자 의심이다"라고 말한 에머슨이나, "나는 칼과 칼날이다"라고 말한 슈테판 게오르게를 연상시킨다.

릴케의 『어느 독자에게 보내는 편지』에도 관심을 둘 필요가 있다. 릴케가 심도 있게 다룬 개에 대한 관심, 그에 관한 기록이 상기되어야 할 것이다. 이러한 황홀한 시간 경험은 그 어떤 엘리트적 체험으로도 닿지 못한다. 그 경험은 "쉬지 않고 그대에게 맞서는/그대의 무수한 시간들"(1~2행) 속에 항상 가능성을 지닌다. 그럼에도 불구하고 "사라져버린 것 Entzognes"(6행)은 "거의 다 네 것 am meisten dein"(6행)이다.

젊음과 늙음의 교차적 배열 구조는 연대기적 순서에 따른 직선적인 의식을 해체한다. 이전부터 전해 오는 규범에서 벗어나 "애타는 마음으로 우리는 붙잡아 주기를 갈망했노라"(9행)로 표현되는 불안정은 이제 "우리는 자유롭다"(7행)는 인간적인 자유의 조건을 이룬다.

「릴케」(발라디네 클로쏩스카의 스케치, 1925년 파리에서)

24.

오, 이 즐거움. 언제나 새롭게, 느슨해진 찰흙으로 만들어졌나!
일찍 용기를 품고 나선 사람을 돕는 자는 거의 없었노라.
좋은 항만 자리엔 그런데도 도시들이 세워졌고
그런데도 물과 기름이 항아리를 채웠노라.

신들이여—, 우리가 그들을 대담하게 먼저 설계하며 구상했고
심술궂은 운명이 그들을 다시 파괴했지만,
그들은 불멸의 존재이었노라. 보아라, 결국 우리는
청을 들어줄 그런 사람들에게 귀를 기울이노라.

수천 년을 지난 종족인 우리, 어머니와 아버지들,
더욱 앞날의 자손들로 가득 차
우리들을 언젠가 능가하여, 나중에는 부숴 버리리라.

끝없이 모험을 감행해 온 우리의 시간은 얼마가 남아 있는지!
그리고 말 없는 죽음이 알고 있는 건, 우리의 쓸모와
그가 우리에게 빌려 주면 얼마나 얻게 되는지가 아닐까.

O DIESE Lust, immer neu, aus gelockertem Lehm!
Niemand beinah hat den frühesten Wagern geholfen.
Städte entstanden trotzdem an beseligten Golfen,
Wasser und Öl füllten die Krüge trotzdem.

Götter, wir planen sie erst in erkühnten Entwürfen,
die uns das mürrische Schicksal wieder zerstört.
Aber sie sind die Unsterblichen. Sehet, wir dürfen
jenen erhorchen, der uns am Ende erhört.

Wir, ein Geschlecht durch Jahrtausende: Mutter und
immer erfüllter von dem künftigen Kind, [Väter,
daß es uns einst, übersteigend, erschüttere, später.

Wir, wir unendlich Gewagten, was haben wir Zeit!
Und nur der schweigsame Tod, der weiß, was wir sind
und was er immer gewinnt, wenn er uns leiht.

해설

바로 전의 소네트가 개인적인 부름으로 형상화 되었다면, 여기서는 문화사적인 차원으로 전개된다. 과거(혈통), 현재 — "우리의 시간은 얼마가 남아 있는지"(12행)와 미래 — "더욱 앞날의 자손들로 가득 차"(10행)가 하나가 되어 시간적 경험의 토대를 이룬다. 그런 중에도 12행에서는 자연의 리드미컬한 시간 흐름이 포착된다. 인간이 한낱 진흙이라면 거기에서 무슨 기쁨을 얻을 것인가. "좋은 항만"(3행) 옆 도시들의 발전이 여기에서 강조되고 있는 것은 나폴리, 카프리, 베네치아 등 릴케가 특별히 마음에 두고 사랑하던 곳의 그리움이라 할 수 있다.

사람들은 신에게 매달린다. 나중에는 그의 목소리를 들으려 한다. 죽음은 우리가 언제 되돌아올지를 알면서 경험으로 더욱 가치 있는 것을 우리에게 빌려 준다. 그러나 『소네트』나 『비가』 어느 쪽에서나 다른 세계에 있어서 신들의 참된 기능에 대한 아무런 언급이 없다. 오르페우스의 가치는 순전히 지역적이고, 한탄은 다가올 하늘나라에서 만나게 될 유일한 초자연적 벗이자 스승이 될 것 같다.

카프리 전경

1906년 12월 4일부터 1907년 5월 20일까지, 그리고 1908년 초 다시 한 번 카프리에 체류한 릴케는 예술적 공백을 채우고 새로운 작품구상에 노력한다. 그 열매의 하나가 『오르페우스』로 나타난다.

25.

귀를 기울일지어다. 움직이기 시작한 첫 써레질 소리가
벌써 들리지 않는가. 이른 봄 딱딱한 대지 속
억눌린 적막 속에 감추어진
인간의 박자들이 다시 들리지 않는가. 다가오는 것이 네겐

맥없어 보인다. 벌써부터 그렇게도 자주 그대를
찾아오던 것이 다시 처음인 것처럼
다가올 것만 같아라. 언제나 바라왔지만
그대는 한 번도 얻지 못했다. 그것이 그대를 얻었노라.

겨울을 지내온 너도밤나무들의 이파리들조차
저녁에는 다가올 갈색 모양을 띠노라.
이따금 바람들이 신호를 보내도다.

덤불숲은 검다. 하지만 거름더미는
풍요로운 검은 빛으로 초원벌판에 널려 있도다.
사라지는 시간마다 새로워질 것이리라.

SCHON, horch, hörst du der ersten Harken
Arbeit; wieder den menschlichen Takt
in der verhaltenen Stille der starken
Vorfrühlingserde. Unabgeschmackt

scheint dir das Kommende. Jenes so oft
dir schon Gekommene scheint dir zu kommen
wieder wie Neues. Immer erhofft,
nahmst du es niemals. Es hat dich genommen.

Selbst die Blätter durchwinterter Eichen
scheinen im Abend ein künftiges Braun.
Manchmal geben sich Lüfte ein Zeichen.

Schwarz sind die Sträucher. Doch Haufen von Dünger
lagern als satteres Schwarz in den Aun.
Jede Stunde, die hingeht, wird jünger.

해설

Ⅰ부 21소네트와 보완적인 관계를 지닌 시이다. Ⅰ부 전체를 통틀어 작은 봄노래로 분류되는 시들과 짝을 이룬다. 무엇보다도 바르비종 풍경이 눈앞에 떠오른다. 퐁텐블로 부근에 세워진 프랑스 '내적 풍경' 화가들의 집단거주지가 아니던가. 그곳에 살던 코로 Corot, 루소 Th. Rousseau, 밀레 Millet, 뒤프레 Dupré 등은 소박하고 정감 가득 넘치는 회화적인 자연의 단면을 유감없이 표현하고 있다. 우리는 늘 봄을 맞이하지만, 언제 와서 언제 가는지 모르고 지내는 때가 많다. 릴케는 그런 시간적 흐름과 외계 현상을 표현하고 있다. 거기에는 이른 봄에 대한 큰 기대감이 자리하고 있는데, 같은 이름의 호프만스탈의 시를 연상하는 것도 좋으리라.

과거와 미래는 역설적이면서도 포착 가능한 동질성을 지니며, 마지막 행의 "사라지는 시간마다 새로워질 것"이라는 표현은 이미 있었던 것은 언제나 새것이 되리라는 기대감과 연결된다.

"겨울을 지내온 너도밤나무들의 이파리들조차/저녁에는 다가올 갈색 모양을 띠노라."(9～10행)는 구절의 나무 모티브는 「제7비가」에 나오는 "솟아오르는 계절"(3행)의 꾸준한 자연 회생력이다.

운율과 음향적인 효과도 특별하다. 동어운(同語韻) "scheint dir"가 5, 6행에 배열된 것은 물론, 문법적 운율 "Kommende"(5행) - "Gekommene" - "kommen"(6행), "nahmst" - "genommen"(8행), 세

번 반복되는 “dir”(5, 6행), “du” - “dich”(8행), “Neues”(7행) - “nahmst” - “niemals”(8행), “wie Neues”(7행) - “du es niemals”(8행) 등이 시 전체의 언어 감각을 드높인다.

이탈리아 아드리아 해안에 있는 두이노 성

26.

새 울음소리가 얼마나 우리 가슴을 뭉클하게 하는지…
언젠가 한번 창조된 그 울음소리
그러나 아이들은 벌써, 벌판에서 뛰놀면서
실제 울음소리를 들으면서 울부짖는 소리를 내노라.

마음 내키는 대로 소리쳐 우노라. 바로 이 세계 공간의
무수한 사이 공간들 속으로 (사람들이 꿈속으로 들어가듯
청아한 새 울음소리가 들어가는 —)
아이들은 거친 소리 질러대며 쐐기를 쳐 박노라

슬프도다. 우리는 어디 있는가? 끈 풀린 연처럼
더욱더 트인 공간에서
하늘 한복판을 따라가노라. 웃음의 테두리로

바람에 찢겨 너덜대며 — 노래하는 신이여!
머리와 칠현금을 간직하고 있는 강물처럼
바람소리에 취해도 늘 깨어 있도록 이 우는 자들을 바로잡아
주소서.

WIE ergreift uns der Vogelschrei...
Irgend ein einmal erschaffenes Schreien.
Aber die Kinder schon, spielend im Freien,
schreien an wirklichen Schreien vorbei.

Schreien den Zufall. In Zwischenräume
dieses, des Weltraums,[8] (in welchen der heile
Vogelschrei eingeht, wie Menschen in Träume —)
treiben sie ihre, des Kreischens, Keile.

Wehe, wo sind wir? Immer noch freier,[9]
wie die losgerissenen Drachen
jagen wir halbhoch, mit Rändern von Lachen,

windig zerfetzen. — Ordne die Schreier,
singender Gott![10] daß sie rauschend erwachen,
tragend als Strömung das Haupt und die Leier.

---

8) '우주'보다 '세계의 공간'이라는 뜻에 더 가까이 표현됨.
9) 23소네트의 일차원적인 직선적이며 시간의 흐름과 대조되는 인간의 마적인 자율성이 강조된다.
10) 노래하는 신만이 이 시의 메나덴 모티브의 인용으로 속박을 풀어낸 자들을 실어 나르는 흐름으로 변천시킬 수 있다.

해설

인간의 오만이 몰고 올 파국 상황을 대상으로 『비가』에 담긴 모티브와 가장 가까운 것을 시는 노래한다. 현존재의 균형과 조화가 무너지고, 우주공간의 통일성에 "쐐기 Keile"를 쳐 박는 시간이 기초를 이루는 가운데, "노래는 현존재"라든가, "여기에 말할 수 있는 시간이 있노라" 같은 회상과 연상 작용을 통해 철학적인 인식에 도달한다. 한적한 뮈좃 성에 머무는 동안 릴케는 자기를 돌아볼 수 있는 기회로 삼아, 새로운 시적 이론이 된 이른바 '가슴 - 작업'의 가능성을 내놓았다. 그것은 1915년 이후부터 줄곧 추구해 오던 것이었다.

창조 질서를 부여하는 오르페우스는 참된 삶으로 존재의 귀중함을 일깨워 준다. 그것은 인간으로 하여금 탄원하는 우주적 노래의 일부를 견딤의 미학으로 극복하게 하면서, 완전한 깨우침과 활기로 행하게 한다. 그런 것을 언어 감각상으로 살리기 위해 "슈라이 Schrei" 같은 소리를 중심으로, 치찰음을 일곱 번, 부가적 장음 'i', 'k', 'ch', 그리고 's'를 열두 번이나 사용하고 있다.

특히 새와 아이들의 이미지가 인상적이다. 새의 울음소리는 자연 자체이며 자연과의 화합을 이룬다. 그에 반해 아이들의 목소리가 원천, 즉 진실한 것으로부터 멀어진다는 안타까움을 "아이들은 거친 소리를 질러 대며 그들의 쐐기를 쳐 박는다"(4행)는 표현으로 대신한다. 그들은 어른들보다 더 자유롭게, 대기의 공간 속을 파고든다고 믿는다. 줄이 끊어지고 바람에 찢긴 연으로 목표 없이 하늘을 떠돌아다닌다. 새가 사람보다 더 자신에 대한 확신을 지니고 있다는 인식은 『비가』, 특히 「제8비가」의 "대기로 활짝 열린 모호한 시골길을 찾으며"라는 광경을 연상시킨다. 어린아이는 "열린 것"으로서의 신화적 요소로 묘사되었지만, 또한 그 위험은 어른들을 통하여 나타난 어린아이는 위험에 처하여 전체와의 관계를 상실한 본체로 나타난다. 이러한 관계는 "이 우는 자들을 바로잡아 주소서/노래하는 신이여!"(11~12행)라는 탄원으로 오르페우스에게 넘겨져 시인도 "바로잡는"(정돈하는) 과업을 수행하게 된다. 마지막 연은 특히 Ⅰ부 26소네트의 내용과 연관하여 이해할 수 있다. 현실은 시인의 정신을 통하여 변천된 현실, 즉 '반(反)현실'로 나타난다.

뮈좃 성 전경

13세기에 세워진 성은 1900년에 개축되었다. 릴케는 잿빛과 보랏빛 색조의 건물이 햇빛에 그슬려 마치 안달루시아의 풍취를 자아낸다고 묘사한 바 있는데, 여기서 말기의 작품들을 집필했다.

27.

시간이란 파괴자가 실제로 존재할까?
그러면, 고요한 산 위에서, 언제 성을 부술까?
무한히 신들에게 속하는 이 마음
언제 데미우르고스는 힘으로 누를까?

운명이 우리에게 확실히 보여줄 수 있을 만큼
우리는 진정으로 그토록 애타게 부서질 존재인가?
이 뜻 깊고, 희망 넘치는 어린 시절은
나중에라도 조용히 뿌리들 속에 자리하고 있을까?

아, 덧없이 지나다니는 유령은
한낱 연기인 양 순순히
모든 걸 받아들이며 지나가노라.

끝없이 휘몰리는 존재인 우리는
영원히 머무는 힘 가운데
신성한 용도로 여겨지누나.

GIEBT es wirklich die Zeit, die zerstörende?
Wann, auf dem ruhenden Berg, zerbricht sie die Burg?
Dieses Herz, das unendlich den Göttern gehörende,
wann vergewaltigts der Demiurg[11]?

Sind wir wirklich so ängstlich Zerbrechliche,
wie das Schicksal uns wahrmachen will?
Ist die Kindheit, die tiefe, versprechliche,
in den Wurzeln-später-still?

Ach, das Gespenst des Vergänglichen,[12]
durch den arglos Empfänglichen
geht es, als wär es ein Rauch.

Als die, die wir sind, als die Treibenden,
gelten wir doch bei bleibenden
Kräften als göttlicher Brauch.

---

11) 세계의 창조자. 플라톤은 그를 영원한 이념에 따라 세계를 물질로 형성한 존재로 보았다. 호메로스와 초기 아테네 시대에는 수공업자 내지 자영업자, 후에는 최고 직위의 관리, 그리스 후기 사상가들에게는 '세계건축기술자'의 뜻으로 안착되었다. 대체적으로 지고한 신성을 의미하기보다는 신과 인간세계, 신의 순수한 영성과 악한 것으로 여겨지는 물질 사이의 중재 신(성)이다.
12) 21소네트에 나오는 환호에 대한 새로운 의혹. 22~27소네트에 이르는 변화들에 나타나는 반대 형상을 가리킨다.

해설

I 부 22소네트와 유사한 소재의 시이며, 또한 바로 앞의 시에서 제기된 질문을 선명하게 하는 것으로 시의 실마리를 푼다. 작은 창조자, 보존자, 파괴자로 알려진 힌두의 시바 신이 중심에 자리 잡고 있다. 모든 일을 길들이고 부수는 시간의 흐름이 부각된다. 물질의 형상화를 나타내는 "성 Burg"(2행)과 "데미우르고스 Demiurg"(4행)가 같은 운(韻)으로 연결된 것이 중요한 의미를 지닌다. 시간은 창조적이고 많은 일들이 발전의 과정 속에 있으리라는 사실보다는 "순순히/모든 걸 받아들이"는 열린 마음을 찬양한다. 그런 진실의 수행자만이 신들에 의해서 유용하게 쓰일 영원성을 가지고 있다고 믿는다. 무상함을 품고 있음으로 영원성을 노래할 수 있다고 보는 『비가』풍의 세계관이라 할 수 있다. 거기에서 "휘몰아 가는" 존재는 인생의 무상함을 통해 강한 힘을 발휘하는 존재이며, 인내를 하는 "머무는 자"이다. 이러한 인식은 괴테의 인생관과 철학을 연상시킨다. 그런 의미에서 뿌리 모티브는 자서전적인 서술 관점에서 어린 시절과 연관된다. 마지막 연은 1연 초두의 질문에 대한 답변으로 이해된다.

이집트 나일강변 룩소르의 아메노피스 Ⅲ세의 사원(B.C. 1400년경)
릴케는 1944년 초 카이로를 거쳐 여러 주 동안 나일강변의 도시들을 돌아보았다.

28.

오, 가고 또 오라. 그대, 아직도 어린이 모습
그런 춤의 순수한 별 형상에 맞게
잠시나마 춤동작을 보충하라. 그 속에서
우리는 무디게 자리 잡은 자연을 넘어서 보지만

덧없는 일. 오르페우스가 노래 부를 때
들으면서 몸을 완전히 움직였기 때문이 아닐까.
그대는 그때로부터 여전히 움직여 왔던 것이고
나무 한 그루가 그대와 함께 들으러 갈

오랜 생각에 잠겨 있으면 쉽게 낯설음도 느꼈도다.
그대는 칠현금이 하늘 높이 울려 퍼지는 그곳을
아직 알고 있지—, 들어보지도 못한 중심까지도.

그리하여 그대는 사랑스런 발걸음을 내디뎌 보았고
복된 축제에 한번 친구의 발걸음과 얼굴모습에
눈길을 돌려보고 싶어 하지 않았던가.

O KOMM und geh. Du, fast noch Kind, ergänze
für einen Augenblick die Tanzfigur
zum reinen Sternbild einer jener Tänze
darin wir die dumpf ordnende Natur

vergänglich übertreffen. Denn sie regte
sich völlig hörend nur, da Orpheus sang.
Du warst noch die von damals her Bewegte
und leicht befremdet, wenn ein Baum sich lang

besann, mit dir nach dem Gehör zu gehn.
Du wußtest noch die Stelle, wo die Leier
sich tönend hob—; die unerhörte Mitte.

Für sie versuchtest du die schönen Schritte
und hofftest, einmal zu der heilen Feier
des Freundes Gang und Antlitz hinzudrehn.

해설

전체적으로 시야가 흐려지면서 더욱 모호해지는 자연의 질서, 그 대신 신의 질서가 의식적으로 강조된다. 체념이 낳은 새로운 자의식이다. 자연은 외형적으로는 움직일 수 없는 한 현상이어서 영원한 듯 보이나 시간의 변천에 예속된다. 그것은 "순수한 별 형상에"(3행)로 압축되어 그것이 은유적으로 암시하는 시만이 최소한 실존의 지속을 위한 시간적 조건에서 해방된다.

별은 '관계'의 전 영역을 위한 메타포로서, 한편으로는 자연에 내재하며, 다른 한편으로는 인간에 의해 산출된다. 따라서 I 부 8소네트의 "탄식의 숨결이 닿지 못할 하늘로" 들어올리는 "우리 목소리의 별자리"를 통하여서처럼, 인간적인 것을 순수한 것으로 변화시키는 일종의 '되비침' 현상이 일어난다.

릴케는 시에 "베라에게"라는 노트를 붙이고 있다. 그는 그녀가 춤을 추는 것을 단 한 번 보았을 뿐이지만, 죽은 무용수를 다시 생각하며 오르페우스 주위의 여사제로 삼는다. 예술은 자연을 재정돈하는 것이다. 자연의 질서가 "무디게" 되는 동안, 시의 질서는 의식적으로 수행된다. 소녀는 그녀 자신을 완전히 춤에 바침으로써 신의 음악에 자신을 바치기 전에 이해하지 못했을 신비 속의 비밀을 깨닫는다.

여기에서 2인칭으로 지칭되는 베라는 그로써 신화적 요소, 즉 원천적인 완전한 현존재를 함께 인식한다. 천국을 위한 더 넓은 표시로서 모든 모순들이 지양되는 신성한 곳이다. 이중 영역의 형상으로 통하는 베라는 '중심'이란 것을 알고 있으며, 또한 그녀에 버금가는 모티브로서 '칠현금'이 나타난다.

베라 오우카마 크노프
(Wera Ouckama-Knoop, 1900~1919)

29.

머나먼 곳의 고요한 벗이여, 그대의 숨결이
공간을 얼마나 넓혀 주는가 느껴 보려마.
어두운 종탑 속에서 그대 소리를
울려 퍼지게 해보려마. 그대를 삼키어 버리는 것이

영양분이 되어서 더욱 세찬 힘을 주리니
이리저리 모습을 바꾸며 애써 깨우침을 전하라.
그대가 가장 견디기 어려웠던 것은 무엇인가?
입에 쓴맛이 느껴지면, 차라리 그대 자신이 술이 되려마.

이 한없이 흘러넘치는 밤에
그대 감각들의 십자로에서 마력이 되고,
그것들이 낯선 만남의 뜻이 되리라.

그리고 이 세상이 그대를 제대로 기억하지 못하면
고요한 땅을 향해 말해 보렴, 나는 흐르노라고
재빨리 흐르는 물에 말해 보렴, 나는 존재하노라고.

STILLER Feund der vielen Fernen,[13] fühle,
wie dein Atem noch den Raum vermehrt.
Im Gebälk der finstern Glockenstühle
laß dich läuten. Das, was an dir zehrt,

wird ein Starkes über dieser Nahrung.[14]
Geh in der Verwandlung aus und ein.[15]
Was ist deine leidenste Erfahrung?
Ist dir Trinken bitter, werde Wein.

Sei in dieser Nacht aus Übermaß
Zauberkraft am Kreuzweg deiner Sinne,
ihrer seltsamen Begegnung Sinn.

Und wenn dich das Irdische vergaß,
zu der stillen Erde sag: Ich rinne.[16]
Zu dem raschen Wasser sprich: Ich bin.

---

13) 독자 자신으로서 "고요함에서 나온 동물"처럼 동일한 인지 능력에 도달하고, 오르페우스의 "Vor-Gesang"과 동시에 릴케의 "Nach-Gesang"를 청취하고 평가할 수 있다.

14) '원형적인 사건'을 따른다는 확신에 근거를 둔다.

15) I 부의 마지막에 서사적 정경으로 비쳐진 것이 이 압축된 문장에 간결하게 설명된다. 오르페우스의 법칙에 입각한 소박한 명령형은 마지막 소네트의 형상 내용에 종합되어 있을 뿐만 아니라 전체 시의 사이클을 총괄한다.

16) 앞에 놓여 있는 것의 반복.

해설

II부 1소네트의 중심 테마, 즉 "공간"과 "먼 곳"과의 상관관계 속에서 호흡의 모티브가 시의 서두에 다시 포착된다. 오르페우스 대신에 "머나먼 곳의 고요한 벗"(1행)이 나타난다. 바로 앞의 시 마지막 행에 나오는 "친구"가 곧 릴케 자신이며, I부 2, 3 그리고 II부 1소네트의 5, 6행이 바로 그런 변형된 상념의 씨앗을 간직하고 있다고 보아 시는 『소네트』의 전체 테두리 안에서 이해되어야 할 것이다.

'베라의 친구에게'라는 각주가 붙어 있는 첫 행의 '너'는 환치된 서정적 자아이다. 눈앞의 고통스러운 파멸 속에서도 자연과 원초적인 신성을 찬양하는 시집 전체의 일관된 테마를 따른다. 아울러 현대 기술문명에 대한 비판, 덧없는 삶과 죽음, 사랑과 예술을 노래하면서 그 모두를 그는 오르페우스에게 바치는 일종의 송가로 펼친다. 마지막 부분에서는 "상실", "고통", "죽음의 경험" 같은 극렬한 아픔을 토로한다.

오르페우스와 베라는 삶과 죽음의 통합을 반겨 맞는 시적 상징이다. 첫 행부터 두드러지게 느껴지는 음악적 특성에 따라 3, 4행의 두운 구사, 뒤이어 나오는 "어두운 종탑 속에서 그대 소리를/울려 퍼지게 해보려마."가 음향적 분위기를 고조시킨다. 마지막 연에 이르러 강한 명령법이 존재와 무상, 양극을 노출시킨다. 그리고는 시는 차츰 진술의 형태로 옮겨 간다.

새로운 것을 탐구하고 지혜를 터득하는 일이 중요하다. 가장 쓰라린 경험이 가장 좋은 가르침을 준다. 시인은 일종의 마법사이어서 한밤중 감각의 혼란을 바꿀 수 있고 그것을 예술로 만들 수 있다. 비록 그의 음악이 그를 파괴할지라도, 그로 하여금 종소리처럼 울려 퍼지게 하고, "십자로"(10행)는 헨릭 입센의 연극 『페르 귄트』를 그대로 본뜬 것 같은 느낌을 주고, 그는 결국 죽음의 상징이다. 죽어가는 시인은 백조의 노래를 부른다. 그는 존재의 무상함을 대표한다.

앞의 소네트들에서 인용된 "십자로", "숨결", "종", "변천", "술", "땅", "물"의 모티브들이 쓰인다. 이것들로 구름, 비, 바다, 수증기에서 다시 구름으로 옮겨 가면서 완전한 원형 순환의 기능을 갖춘 물의 흐름이 나타난다. 그는 이제 "나는 흐르노라"라거나, "나는 존재하노라"고 고요한 땅을 향해 말할 수 있으리라. 그것을 믿으면 통합의 가능성을 잃지 않은 채 새로운 희망이 생긴다.

시는 오르페우스와 베라에게 주어진 변천과 "상승"(Ⅰ. 1)의 과제를 지속적으로 형상화하여 대단원의 종결 역할을 한다. 그것이 Ⅰ부 3소네트에서 제기된 "마음의 두 갈래 길"(3, 4행)에서 "아폴로를 섬길 신전"(4행)으로 서지 않는다는 것을 확실하게 알리는 것이라면, 여기에서는 다시 한 번 "그대 감각들의 십자로에서 마력"(10행)이 되고, 그것은 "한없이 흘러넘치는 밤"(9행)을 극복하기 위하여 발견되어야만 할 것이다.

마지막 두 소네트는 Ⅰ부의 25와 26소네트에서처럼 상반 모순적 의미의 "그러나 aber"를 필요로 하지 않는다. 온화함이 지배하는 공간에서 죽음이 행복한 완성이 되도록 성숙한 세계관을 보여준다.

두이노 성에서 바라보는 아드리아 해안

• 작/품/해/설

『오르페우스에게 바치는 소네트』: 대립과 조화의 길

닐마리

릴케는 1912년부터 북부 이탈리아 아드리아 해안에 있는 두이노 성에 머문다. 성의 소유주인 마리 폰 투른 운트 탁시스 Marie von Thurn und Taxis 후작부인의 호의에 의한 것인데, 작가 자신에게는 마침 『말테의 수기 *Die Aufzeichnungen des Malte Laurids Brigge*』를 집필하면서 소진된 심신 상태를 극복하고 새로운 창작의 힘을 얻을 수 있는 더없이 좋은 기회가 되었다. 릴케는 곧 10여 년간 미완성으로 남겨졌던 『비가』의 제 1, 2편을 마무리하면서 작품 완성에 박차를 가한다. 그러던 중에 오르페우스의 감정에 사로잡혀 마치 폭풍에 휘몰린 것처럼 며칠 사이에[17] 탈고한 것이 『소네트』이다.

작품은 『비가』와 거의 동시적으로 이루어져 연대상으로 구분해서 정리하기조차 힘들 정도이다. 따라서 "선물로 주어진 것",[18]

---

17) 1922년 2월 11일부터 23일까지 2주일도 채 되지 않는 짧은 기간 내에 완성되었다. 그러니까 하루에 5~6개 소네트를 쓴 셈이다. 그 사이에 잡다한 조각 시들이 추가되어 오늘의 모습을 갖추게 되었다.

18) H. Kunisch, *Rainer Maria Rilke. Dasein und Dichtung*, Berlin, S. 180. 자신의

"거의 기대하지 않았던 작은 작품 내지 지류"(1925년 11월 13일자 훌레비츠 Hulewicz에게 보내는 편지), "부산물"[19], "단숨에"[20]라는 표현들이 뒤따르는 것도 결코 의외가 아니다. 더욱이 한 작품에만 몰두하기보다는 손닿는 대로 여러 작품에 손을 대곤 했던 릴케의 집필 습관을 감안한다면 더욱 그렇다.

릴케는 다른 현대 작가들에 비해서 텍스트의 의미 영역에 치우친 작가이다. 그의 작품은 그래서 주로 사상적 · 미학적 · 이념적인 방향에서 검토되어 왔고, 또한 그렇게 이해되어 온 것도 사실이다. 대표작이라 할 수 있는 『비가』만 해도, 릴케의 안목은 철학적 내면세계에 함몰해 있을 뿐만 아니라, 중심 무게는 어디까지나 내용에 주어져 있다.[21] 그런 릴케가 『소네트』를 통하여 작가적 일대 변신을 꾀한다. 작품 속의 시상과 이미지들은 『비가』에

모든 것을 바쳐 쓴 『비가』에 비한다면, 『소네트』는 매우 자연스런 물길처럼 흘러나온 것이어서, 그런 평을 받는 것도 당연할 것 같다.

19) H. Kunisch, aaO., S. 205. "ihr Unbeabsichtigtsein", "unerwartet aufgekommen", "Gehorchen" 등의 어휘들이 그와 관련된다.

"Und das zu einer Zeit, da ich mich für eine andere große Arbeit(eben die 『Elegie』) gefaßt hatte und auch schon mit ihr beschäftigt war."(1920년 4월 13일자 편지)

C. F. MacIntyre, *RMR.*, p. 8.

"Sie wie damals neben den ersten großen 'Elegien'(auf Duino), in vor- und nachbewegten Nebenstunden, das 『Marien-Leben』 sich einstellen mochte, so ist diesmal eine Reihe von (etwas über fünfzig) Sonetten entstanden, (1922년 2월 25일 마리 폰 투른 운트 탁시스 후작부인에게 보내는 편지)

20) Sigrid Kelltener, aaO., S. 77.

21) R. Freienfels, Rainer Maria Rilke. In: *Das litterarische Echo*. Jg. 9, 1906/07, Sp. 1294: "Bei George erscheint die Form als das Primäre, bei Rilke ist es der Gehalt."

긴히 쓰인 것들이거나 버려진 토막들로 이루어져 있기 때문에 때때로 『비가』를 요약하는 기능에 머물러 있다는 인상을 비껴나 가기도 힘든 실정이다. 일례로 오우카마 크노프 부인에게 보내는 1921년 11월 26일자 편지에 지칭된 사물들이 「제9비가」에 그대로 쓰이고 있다.[22)]

『신시집』 이후 '눈의 작업을 통한 예술가'에서 '철학적인 시인'으로 발돋움을 한 릴케는 여전히 '가슴의 작업'으로 시적 표현의 가능성을 열어 사물시의 세계를 전개시키려 한다. 릴케는 작품 속에서 양극의 토대 위에 있는 우리의 존재성이 대립에서 화합으로 이전되어야 하겠다는 강한 집념을 나타낸다. 시인의 전형을 '노래하는 자 der Sänger' 또는 '찬양하는 자 der Rühmende'로 삼고 있는[23)] 그는 그런 소네트의 논리적 정형성에 찬양의 가능성을 보태어 존재 한계를 극복하려 한다. 또한 각 대극 요소들은 상호간의 관계를 제한하는 동시에 완전한 하나로 인식되어 상승 발전의 출발점을 이룬다. 그 점은 소네트가 "개별적 자아 감정", 즉 "자아 연관성 Ich-Bezogenheit"[24)]에서 벗어날 수 있는 가장 적합한 시 형식이라는 전제에서 출발된다.

---

22) 이런 현상은 마리 폰 투른 운트 탁시스 후작부인에게 보내는 1921년 7월 25일자 편지, 노라 푸르쳐 뷔덴브루크 Nora Purtscher-Wydenbruck에게 보내는 1921년 8월 17일자 편지에서도 발견된다.

23) F. G. Hoffmann/ H. Rösch, *Grundlagen, Stile, Gestalten der deutschen Literatur. Eine geschichtliche Darstellung*, Frankfurt a. M. 1980, S. 255.

24) S. Kellenter, aaO., S. 125.

생성과 구성

"1922년 2월은 나의 위대한(큰) 시기였다!"25)고 자신 있게 외친다. 여러 해 동안 겪어야만 했던 작가적 침묵이 『비가』와 『소네트』를 통해 종식되는 순간이었다. 기나긴 작가적 인내가 비로소 불후의 명작으로 보상받게 된 것이다.

바로 이때 그는 폴 발레리 Paul Valèry(1871～1945)의 작품 『해변의 묘지 *Le Cimetiére Marin*』를 읽고서 크게 고무된다. 이어서 발레리의 시 번역에 착수한다.26) 이는 곧 『비가』와 『소네트』를 완성하는 데 큰 작용을 한다. 시인으로서 크게 성장한다. 객관적으로 사용되던 정원, 분수, 사원, 개, 아이들, 거지, 나무, 무화과나무, 물동이 같은 낯선 어휘들이 좀 더 시적인 정감과 이미지로 상승된다. "시행의 음악가"로 불리게 된 것이 이때부터이다.

공간 형성이라는 문학적 현상 속에 가장 중심적 위치를 차지한다고 평가되는 『비가』와 『소네트』는 개별 작품의 주제와 배열에

---

25) "das geheimste, rätselhafteste Diktat"(1923년 5월 20일자 편지). "Ich konnte nichts tun, als das Diktat dieses inneren Andrangs rein und gehorsam hinzunehmen."(같은 해 4월 12일자 편지).

26) 엄격하게 조율된 발레리의 시에 심취한 릴케가 "발레리에 진 정신적 빚 The debt to Valery"을 갚는다는 생각에서 시작하여 "나는 혼자였다. 나는 기다리고 있었다. 내 모든 작품은 내 안에 있었다. 어느 날 나는 발레리를 읽었다. 그리고 나는 나의 기다림은 끝났다는 사실을 알고 있었다."고 확언하기에 이른다. 두 사람의 정신적 접촉을 증명할 수 있는 작품으로 두 개의 나르시스적인 시 『소네트』(Ⅱ. 2, 3)가 있다. 말라르메 Stephane Mallarme (1842~1898)를 중심으로 한 상징주의자들도 릴케에게 새로운 시세계를 열어 주었다. Vgl. Monique Saint-Helier, *A Rilke pour Noel*. Berne 1927, S. 21.

있어서 연속성을 유지하고 있고, 덧없음, 죽음, 변천, 이별, 어린 시절, 사물, 노래 등 수없이 많은 모티브들이 동원되면서 일층 강화된다.[27] 무엇보다도 내적 통일성을 지니고 있다. 릴케 자신은 1925년 11월 13일 훌레비츠 Hulewicz에게 보내는 편지에서 "『소네트』의 작은 녹 빛깔 돛과 『비가』의 거대한 흰 돛배"를 구분하여 말하고 있는 만큼, 두 작품이 "멋지게 평행을 이루며 서로 꾸준히 뒷받침"(1922년 6월 23일과 1925년 11월 13일자 편지)해 주며 연관성과 그 기반 위의 통일성을 이룬다.

그러나 모두가 릴케의 순전한 창안이라기보다는 체험된 사실에 대한 "자기 사명의 진술"[28]이며, '인내 Geduld'와 '은총 Gnade'이 두 개의 돛처럼 대극을 이룬다. 『비가』는 묵직하고 땅에 근거를 둔 구조이고, 그에 비해서 상대적으로 가볍게 느껴지는 『소네트』는 같은 재료로 지어진 건축물 같으면서도, 완전한 가공품이란 인상으로 독자들 앞에 나타난다.

『비가』가 암울하고 억압된, 이른바 '폐쇄된 세계'를 비쳐 주고 있다면, 『소네트』는 우선 노래를 부르고 싶은 충동을 자극한다. 작품은 일종의 찬가로서 오르페우스 노래 속에 존재하는 사물들을 찬양함으로써 '열린 세계'를 향한다.

릴케는 이러한 소네트라는 그릇에 시적 의미를 담아 자유자재로 노래를 부른다. 여러 작가들로부터 폭넓은 영향을 받으면서도[29] 어떤 유파에 쏠리지 않는 독자성을 견지한다. "짧은 행의

27) Hermann Kunisch, aaO., S. 269.
28) 이 두 작품에 대한 평가는 『젊은 노동자에게 보내는 편지』에 수록됨.

비 독일적 소네트"라는 별명도 얻는다. 1922년 1월 31일과 2월 1일 사이에 쓰인 몇몇 작품들을 토대로 하여 2월 2일부터 5일 사이에 작품 Ⅰ부를 끝냈고, 그 후 몇 차례 보완 과정을 거쳐서 2월 15일부터 23일 사이에 Ⅱ부를 마무리하였다. 『시도집』을 낼 때에 비해 엄격한 일관성의 배열 원칙에서 벗어나고 있다. 생성 당시의 순서에 매달리지 않고 연작시에 들어 있지 않던 7편의 나머지 시들도 완성하여 포함시킨다.

이러한 자유로운 생성 바탕은 작품을 쓰는 과정에서, 더욱이 구조와 의미는 물론, 주제의 범위가 흐트러진 인상을 줄 정도로 다양하다.[30] 『비가』에 비해 연구가 많이 되지 않은 것도 통일된 주제를 찾기 힘든 탓이 아닌가 여기는 사람이 많다. 전체 55편의 소네트 중에서 중심인물인 오르페우스와 크노프에게 바친 시는 9편에 지나지 않는다. 그러나 한 편씩 떼어놓고 보면 단일 작품이지만 전체적으로 보면 심포니 오케스트라처럼 하나의 총화를 이룬다. 그 내용을 정리해 보면 다음과 같다.

Ⅰ부
노래(1～5),
이중 영역/찬양(6～10),

---

29) 『신시집』에서의 로댕, 『시도집』과 『형상시집』의 보들레르, 세잔, 엘리자베스 바렛-브라우닝의 영향, 그리고 1920년까지 미켈란젤로의 소네트를 번역하면서 받아들인 그의 흔적 등이 『비가』와 『소네트』의 완성에 직접적인 자극제가 되었다.

30) 암어 내지 표제어로는 나무, 춤, 꽃, 물, 바람, 숨(대기), 어린이, 소녀, 개, 비행(飛行) 등이 있고, 유사 범주의 어휘들 듣기/노래하기/침묵/말, 회상/지식, 찬양, 운동/오르기(상승)/낙하/등장/밀쳐냄 등이 쓰이고 있다.

인물 형상(11~17),
과거/현재/미래(18~24),
종결(25~26)

Ⅱ 부
교환(1~7),
현실(8~14),
순환/전체성(15~21),
시간/역사/기술(22~27),
종결(29~29)

Ⅰ 부에서 특히 4와 8소네트는 '눈에 보이는 것 das Sichtbare'을 '눈에 보이지 않는 것 das Unsichtbare'으로 변용될 수 있는 인간의 모습을 보여주고 있다. 그것은 10~12소네트까지 이어진다. 다음으로 13~15소네트까지는 열매가 주제를 이루고 있고, 16소네트는 독립적이다. 17~24소네트까지 현대와 고대 세계의 대립으로 주제의 흐름이 일단 중단된 듯하다가 20, 21소네트까지 세계에 대한 회상으로 이어진다. 25, 26소네트까지의 시는 베라와 오르페우스의 죽음을 보여준다. 오르페우스는 변천의 법칙을 수행한다. 또한 처음과 마지막 두 번째 소네트는 죽은 소녀 베라를 대상으로 하며 오르페우스와 대조적 자리를 잡는다. 12소네트는 이러한 흐름의 정점으로서 '인물 형상'에 쏠려 있으면서도 시적 중심 카테고리의 기능을 놓치지 않는다. 24소네트는 그와 수평적인 관계를 유지한다.

Ⅱ부는 오르페우스를 이상형으로 삼으면서 죽음과 방출이 출발점이 되면서 Ⅰ부와 확연한 차이를 드러낸다. 열매를 주제로 한 5~7소네트는 인간에게 사물과의 공동 인식을 촉구하고 있고, 11~13소네트는 환상적 모습, 14소네트는 꽃, 17~21소네트는 뜰, 8~15소네트는 개인 체험, 9, 10, 19소네트는 새로운 세계에 대한 단죄, 20소네트는 어린아이, 22소네트는 대지의 영광, 23소네트는 찬미의 의무, 24, 27소네트는 인간의 위대함을 주제로 삼고 있다. 연작시의 성격보다는 거울(3), 꽃(5, 6, 7), 샘(4), 뜰, 운명, 무상, 봄, 그리고 말(I. 10)에서 시작되어 일각수(4)로 연결되는 동물상을 주제로 하는 한 그룹을 형성한다. 오르페우스의 존재성이 뒤물러서고, 노래 부르는 자로서의 역할도 눈에 띄게 약화된다. 운율도 단어별로보다는 음향 요소에 따라 이루어진다. 의미적인 관계보다도 음색이 주는 힘이 강하다는 암시이다.

Ⅰ부와 Ⅱ부에 수록된 시들간에는 일정한 균형 관계가 형성되는데, 첫째와 마지막 소네트는 각기 열고 닫는 역할을 한다. 수평적 균형을 이루고 있는 두 부분은 "서로가 꼭 부둥켜안은"[31] 모습을 간직하고 있다. 전체적으로 보면, 『소네트』는 친밀하고도 공감을 자아내는 이른바 '관계 Bezug'를 창출하여 우리에게 깊은 감흥을 안겨 준다. 그것은 구성상의 강한 "접합 구조 das Gefüge"[32] 때문이라고 할 수 있다. 강한 삶과 죽음에 공감하고 전체의 세계에

---

31) E. Buddeberg, *Rainer Maria Rilke. Eine innere Biographie*. Stuttgart 1954, S. 446.

32) Ebd.

끊임없이 귀속하려는 우주관을 바탕으로 시는 참다운 삶에 대한 찬미의 용적을 넓혀 간다.

주 제

찬양의 기능을 강화하면서 '들음의 미학'[33]을 내세우는 릴케는 오르페우스를 통하여 부정적 · 긍정적이던 간에 서정적으로 도입된 두 영역을 확대, 통합하려고 한다. 그것은 '귓속의 나무', '귓속의 신', '땅의 귀' 등으로 표현된다.

그 사이에는 또 다른 세계, 즉 초월성을 지향하는 세계와 내재(고유)성에 함몰된 비가의 세계가 존재한다. 따라서 Ⅰ부가 "비가를 향한 진행"이라 한다면, Ⅱ부는 "그것들로부터의 원상 복귀"라 할 수 있다.[34]

Ⅰ부에서는 자기의 노래를 통하여 들음, 즉 성스러운 들음이 전면에 제시된다. 오르페우스의 업적을 찬양하는 노래가 중심을 이루면서, 서정적 자아가 노래하는 자로 나타나 합일되게 하는 호흡 찬양의 Ⅱ부와 맞선다. 고대 오르페우스 신화가 청각의 호소력에 집중되어 있는 동안, 서정적 자아는 이러한 전설의 전승된 형태에서 풀려나와 개별 오르페우스 모티브들을 독자적

33) "Dir aber, Herr, o was weih ich dir, sag,/der das Ohr den Geschöpfen gelehrt? -"(SaO., Ⅰ. 20)

34) Eduard Lachmann, Der Engel in Rilkes Duineser Elegien. In: *Dvjs.* 27(1953) 3.H. S. 423.

인 예언 사건과 연결시킨다. 그런 것들은 서정적 규범에 맞춰 고정된 소네트 형태에 대한 리듬적인, 양식적인, 그리고 기술화된 (어떤 텍스트에) 일정한 단어들을 제시함으로써 이루어진다.

55편 중 8편은 규칙적인 얌부스 5각운으로 이루어져 있다. 그 밖의 8편은 트로코이스 5각운의 구조로서 시행이 짧다. 나머지 39편은 닥틸루스와 트로코이스가 혼합된 것으로, 단순 2개 각운과 때로는 7각운으로 구성되어 있다. 풍부한 반해음과 미운, 내운 등을 통하여 기대하지 않았던 관계들을 가능케 하는 개별 시들은 "그는 이 세상의 존재인가? 아니다. 두/영역에서 드넓은 그의 성품이 자라났네"(Ⅰ. 6)라는 존재적 물음으로 시의 의미를 형상화한다. 이러한 '이중 영역'의 표상은 서정적 상념과 언어에 따라서 상반적인 대극을 포괄하는 통일체로 발전된다.

"이중 영역"이 하나의 단일체로 융합되는 것을 보여주는 전형들은 다음과 같다.[35)]

1) 삶과 죽음
2) 희열과 고통
3) 찬양과 탄원
4) 두려움과 축복
5) 내재와 초월
6) 자연과 예술, 문학과 현존재
7) 아폴로적인 것과 디오니소스적인 것
8) 정신과 감정

---

35) S. Kellenter, aaO., S. 24.

9) 오성과 열정
10) 옛것과 새것
11) 현실적인 것과 가능한 것
12) 노래와 침묵
13) 가득함과 빔
14) 공동체와 분리
15) 일상적이며 고차원적인 공간과 시간
16) 지식과 무지
17) 승리와 패망

오르페우스를 통하여 탐색되는 인간의 운명 상실은 세계 내면 공간의 주 표식인 '순수 관계'와 밀접한 관계가 있다.[36] 그것은 현존재가 자리한 찬양하는 노래를 넘어서, "울려 소리를 내는 유리잔 ein klingendes Glas"[37]과 비교되는데, 그것은 신성한 노래를 자체에 품는 자연의 "진동 Schwingungen"으로서 신화의 상태에서 자연의 거대한 음악으로 되살아난다.

다양한 관계들 속에서 서로 독립적으로 이해되어야 할 대상이 현존재와 죽음의 문제이다. 『소네트』는 각 대극 요소들을 서정적으로 감싸 안고, 그 사이의 공간, 관계, 그리고 움직임 등을 연결적인 행위에서 벗어나게 한다. 이해의 폭을 넓히기 위함이다. 언어적으로 표시되는 양극의 분리는 "… 오, 순수한 상승이여!/오 귓속의

---

36) H. Kunisch, aaO., S. 38.

37) Vgl. "에우리디케 안에서 영원히 죽어－노래 부르며 다시 일어나라/더욱 높이 찬양하라. 그 순순한 관계 안으로 솟아서 되돌아가라/여기, 사라져가는 것, 기울음의 영토에서/소리 울리는 유리가 되어라. 울림 속에 이미 깨어져 잔이."(Ⅱ. 13) (SW Ⅰ. 759)

높은 나무여!"(Ⅰ. 1), "그러나 바람들은 … 그러나 공간들은 …"(Ⅰ. 4)처럼 단축된 문장이 동사 없이 또는 감탄사만으로 사용된다든지, "우리 목소리의 별자리"(Ⅰ. 8)처럼 2격 메타포가 수행하는 개별적 언어 형상 등에서 구체적으로 드러난다. Ⅱ부는 Ⅰ부의 신화적 장면에서 전개된 것까지도 개별화된 영적 영역으로 이끌어 간다. 이것은 소네트 형식을 통해 내용상의 대극을 직접 첨예화시킴으로써 형식의 힘에 깊이 의존하려고 한 릴케의 변화된 자세가 아닐 수 없다.

각 소네트들은 의미 체험을 독자들이 스스로 찾아서 경험하도록 한다. '예술-사물 Kunst-Ding'이 어떤 의도성을 가지고 이루어지는 것에 동의하지 않는다. 시인이 지니는 인간적인 것에 대한 순수한 결핍을 충족시키는 데 치중할 뿐, 사물 자체를 존재하도록 지켜본다.

릴케가 후기 작품에서 특별한 커뮤니케이션의 의도를 드러내고 있는데, "차원 높은 안목으로 긴박하게 실현시키는 것은 다시금 눈으로 볼 수 없는 것, 즉 전적으로 내면적인 것이나 혹시 보이지 않는 것을 자신의 본질 가운데에서 획득하는 수단"(1921년 11월 26일 편지)이라고 말하면서, 『소네트』의 그런 입장은 "언어가 항상 바꾸어 쓰임으로써 도달하게 되는 삶의 말없는 대등가치"(1923년 12월 16일 편지)라는 확인에 이른다.

존재의 대립과 조화

- 오르페우스와 베라

릴케는 오르페우스를 "가장 신비스러운", 그리고 "가장 불가사의한"[38] 존재로 인식한다. 그는 오르페우스의 형상과 노래가 독자에게 서정적 환호로 전달되어 전설의 핵심체로 자리 잡게 한다.

아폴론과 뮤즈의 여신 칼리오페 사이에서 태어난 아들 오르페우스는 아폴론에게서 칠현금 타는 법을 배운다. 그는 그 가락으로 우주 삼라만상의 모든 대상들을 감동시킬 수 있는 정신계의 지배자로 군림한다. 그런데 그의 아내 에우리디케는 결혼식 직후 목동 아리스토이아스의 실수로 뱀에 물려 죽는다. 오르페우스는 죽은 에우리디케를 찾아 나선다. 지하의 세계로 내려가 페르세포네와 명부의 왕 하데스에게 간청하여 아내를 죽음의 나라에서 구할 수 있게 된다. 그러나 그는 하데스와 한 가지 약속을 해야만 했다. 그녀를 데리고 가는 도중 결코 뒤를 돌아다보지 않겠다는 것이었다. 그런데 지상에 거의 도달할 무렵 무심코 그는 아내를 돌아보는 실수를 범하여 그녀는 그 자리에서 돌로 변하고 만다. 더 이상 움직이지 않는 아내를 향하여 그는 처절한 노래를 부른다.

그는 침식을 잊고 오직 아내만을 그리워하며 몸부림친다. 그녀를 잃고 슬퍼하면서 부르는 노래는 호랑이를 홀리고 차나무들의 혼을 빼놓는 등 우주 삼라만상을 감동시킨다. 이를 시기한 트라키

---

38) C. F. MacIntyre, aaO., p. 9.

아의 처녀들은 디오니소스 축제 중에서 그를 죽여 시신을 조각내어 헤부로스 강에 던진다. 뮤즈와 여인들이 그의 시신을 수습하고 제우스는 그의 칠현금을 거두어 별들 사이에 둔다. 이제 명부의 세계에서 언제나 아내를 바라볼 수 있게 된 오르페우스의 노래는 곧 시이다.

릴케가 오르페우스 신화를 작품의 주제로 다루게 된 것은 『신시집』의 「오르페우스, 에우리디케, 헤르메스 Orpheus, Eurydike, Hermes」(SW Ⅰ. 542)을 쓰면서부터이다. 고대 그리스의 신화적 상상력을 강화하는 가운데 그는 예술에 대한 동경, 긴장, 성취가 줄곧 작품의 테마가 되는 사랑 - 고독 - 죽음의 통합 논리를 밝히고, 오르페우스를 복합적인 자아실현의 대상으로 삼는다.[39]

그 후 릴케가 스위스 발리스에 있는 12세기 작은 돌탑인 뮈조성에 머무는 동안 그곳 식당 창 위 아치에 걸려 있는 조각품과 어느 상점 쇼윈도에서 본 칠현금을 든 오르페우스 상이 그의 의식 속에 잠재해 있던 영감을 되살리며 갑자기 언어의 옷을 입게 된 것이다.

그러나 릴케는 이 신화를 그대로 사용하고 있지는 않다. 전체적으로 자유로우면서도 집약적인 연작시로서의 면모를 지님으로써 신적인 순수한 세계를 그리고, 그를 통하여 만물이 뜻을 얻어

39) Vgl. “Sie war in sich. Und ihr Gestorbensein/erfüllte sie wie Fülle./ Wie eine Frucht von Süßigkeit und Dunkel,/so war sie voll von ihrem großen Tode.”(SW Ⅰ. 544)

조화를 이루는 과정이 사뭇 조직적으로 전개된다.

Ⅰ부 3소네트에서는 오르페우스를 대상으로 노래를 부르면서 "가느다란 칠현금 줄만을 믿고 신을 따르겠느냐"(1연)라는 하소연을 통하여 칠현금 자체가 보잘것없다기보다는 그것을 바라보는 인간은 아폴로의 신전을 꿈조차 꿀 수 없다는 상대적 박탈감을 피할 수 없음을 강조하는 것으로 보인다. 아폴로는 오르페우스를 대신한다. 그것은 다음 연에서 "그대가 가르치듯, 노래는 열정만도 아니며/끝내 겨루어 얻을 수 있는 것도 아니리라/노래란 현존재. 신이라면 행하기 쉬운 일이라"(5~7행)고 하여 인간의 허점에 비하여 대비되는 신의 절대성이 부각된다. 그 다음에는 시각이 신에서 인간으로 옮겨가고, 이 모든 상황이 종합되어 참다운 노래가 무엇인가를 느끼게 한다.

신의 노래는 완전히 변용된 힘을 간직하면서 그 속에 자신의 모습을 드러낸다. 그는 시각 대신 청각 원리를 선호한다. Ⅰ부 3소네트의 "사랑의 마음은 갈라져 있는 것/두 마음이 갈라진 길목/아폴로 신전 같은 것은 서 있지도 않다"는 구절을 보면, 인간에게 참된 '들음의 예술'이 얼마나 중요한지를 알 수 있다. 또한 『제8비가』에서 "우리가 미래를 보는 그곳에서 짐승은 모든 것을 본다"(SW Ⅰ. 715)고 하여 인간은 짐승들의 의식 세계보다 뒤처져 있음으로 해서 오르페우스의 변용을 받아들일 수 없음을 안타까이 여긴다. 그러므로 무엇보다도 폐쇄적인 의식 세계를 타파하지 않으면 안 된다고 말한다.

오르페우스는 순수한 모순의 존재로서, 이승과 저승을 마음대로 넘나들 수 있다. 그 원동력은 예술의 힘이며, 분열과 대립 속에 빠져 어떤 목적성에서 벗어나지 못하면 늘 참다운 노래를 부를 수 없다는 사실에서 출발한다. 오르페우스는 "노래란 현존재. 신이라면 손쉬운 일"(7행)이라 하여 곧 삶과 죽음을 동시에 포괄하는 신의 경지임을 밝힌다. 노래가 현존재가 된다함은 예술 속에서 자기의 사명을 찾아낸다는 뜻이고, 동시에 세상 어디서나 노래를 찾아내어 듣는다는 것이다. 릴케는 훗날 「작가에 대해서 Über den Dichter」(1912)라는 작은 문집에서 창조를 일종의 "원초문학 Ur-Dichtung"이라 보며, 그것을 다루는 것이 "시인으로서의 신, 역사 앞의 가인"(SW Ⅵ. 1474)의 사명이라 기술하고 있다.

"태곳적 모습으로의 귀속"[40]을 표방하는 작품 『소네트』에서는 이제 지상의 사물 속에 변화된 형태로 계속 존재하는 신선한 가인이 아직 역사성 속에 사로잡혀 있는 영감적인 전형으로 인식될 뿐만 아니라, 무의식적인 자연의 은밀한 질서로 서술된다. 더욱이 Ⅰ부 19소네트에서는 "흘러 사라지고 가라앉음을 겪으며,/더 멀리 자유롭게/그대의 앞서 부르는 노래가 아직도 여운으로 있네/칠현금을 든 신이여"라고 하여 오르페우스를 통하여 유한한 것을 극복하는 "상존 das Konstante"[41]의 경지를 갈구한다. 오르페우스는 인간이 자연 전체를 향하여 찾는 이상적 질서이자

---

40) B. Allemann, *Zeit und Figur. Ein Beitrag zur Poetik des modernen Gedichtes*, Pfullingen 1961, S. 186.

41) J. Fülleborn, *Umschlag und Verwandlung*, S. 129.

순수한 승화, 즉 변용 자체이다.

그러므로 "젊은이"(10행)라는 부름의 대상이 곧 우리 인간임을 느끼게 된다. 오르페우스에 비하면 인간은 아직도 애송이나 다름없다. 순수한 모순은 그 자체 속에서 변용할 줄 모르는 옹졸한 사람에게 진정한 찬가가 될 수 없다. 한낱 "흘러가 버리는 모래"나 "한줄기 바람"에 지나지 않는다.

여기서 "입김(바람)"(14행)은 프네우마 Pneuma, 즉 우주만상의 '바람', '부는 것' 즉 넋이자 영혼이다. 이 세상에서 인간이 바랄 수 있는 것은 한 가닥 바람이다. 그것을 호흡하면서 인간은 존재성을 확인하게 된다. 그것 없이는 진정한 삶도 없다.

그러나『소네트』작품에는 오르페우스에 대비되는 또 하나의 인물이 등장한다. 릴케 자신이 시집에 "베라 오우카마 크노프의 비명으로 씀"이라는 부제를 붙인 데서 알 수 있듯이, 작품 전체는 "2년 전에 세상을 떠난 아주 젊은 소녀를 회상하는"(1922년 2월 25일자 마리 폰 투른 운트 탁시스 후작부인에게 보내는 편지) 헌정시로 쓰였다고 할 수 있다. 1922년 새해 저녁 릴케는 평소에 가족과 친밀한 인간관계를 맺고 지내던 친구 부부의 딸 베라의 질병 기록서를 입수한다. 그녀의 어머니가 보낸 간절한 편지를 읽으며 슬픔으로 밤을 새우는 동안 그의 마음속에 이미 오르페우스의 상황이 완성되었다고 할 수 있다. 오르페우스 모티브에 큰 흥미를 느끼고 있던 그는 소녀를 새로운 에우리디케가 되게 한 것이다.

Ⅱ부 소네트는 릴케로부터 베라를 거쳐 신화적 원천에 다다르

는 이전 과정을 명료하게 제시하고 있다. 미학적으로 상관되는 모든 '체험', 개별적 예술 연습은 원형적인 사건의 파생어로 나타난다. 소네트의 발기자와 수용자가 일체화되면서, Ⅰ부 20소네트의 "전설 Sagenkreis"(13행)로 맺어지고, Ⅱ부 28소네트의 "들어보지도 못한 중심 die unerhörte Mitte"(11행)에서 연속적인 움직임이 새로이 산출된다. 그 핵심에는 모든 예술 활동이 이루어지고, 미래 문학의 향방이 예시된다.

작품을 완료한 직후 그는 "소네트를 계속 집필해 갈수록 죽은 어린 소녀와 자신이 일치되는 느낌을 갖는다"고 발행자에게 고백한 적이 있다. 그러므로 이 작품이 삶과 죽음의 두 영역을 어떻게 인식하는가에 대한 시인적 결정판이라 한다면, 심한 고통 속에서 삶을 긍정하며 의연하게 죽어가는 베라의 모습 속에서 역시 만물을 황홀케 하고 죽음 속에서도 노래를 그치지 않는 오르페우스의 형상을 볼 수 있다. 또한 그 안에서 소네트 형식에 담겨진 시인 자신의 모습도 본다.

노래하는 신 오르페우스와 젊은 무용수 베라의 존재적 만남은 시인에게 있어서 뚜렷한 "가치 부여 Sinngebung"[42]의 기점이다. 그녀는 "전체의 발걸음을 den Gang des Ganzen"[43] 보여주는 본체이다. 시인의 사명 및 생사의 합일 문제가 『소네트』로부터 『비가』에 이르기까지 릴케가 추구하고 있는 예술관이 다 포함되어 있다.

42) Hermann Kunisch, aaO., S. 191.
43) Ebd., S. 206.

– "이 세상과 저 세상에 함께 임할 때"

작품의 주제로 나타나는 "이중 영역"과 그에 따른 대극적 표현들이 하나로 통합하는 과정이 『소네트』 안에서 이루어진다. 그 형태감이 개별적 표현 의지의 대립이나 동조 행위에 마땅한 균형감을 준다. "죽은 자와 함께/양귀비를 먹어 본 자만이/그 희미한 가락까지도/다시는 놓치지 않으리라//연못에 비친 그림자가/우리 앞에 가물거릴지라도/그 형상을 알 수 있으리"(SW Ⅰ. 736)라고 하여 사람들이 보고 듣는 것 모두가 한 영역 안에서 체험되었다가 내면화된다.

Ⅰ부는 존재의 통일성을 구조 속에 반영시키고 있고, Ⅱ부에서는 현실의 모든 이율배반 현상에도 불구하고 하나가 되는 가능성을 보여준다. 그와 관련된 운율적인 언어 구사도 매우 기교적이다.

『소네트』의 통일성은 제목과 그 시가 헌정된 두 대상, 즉 오르페우스와 베라의 내밀한 관계를 허용한다. 오르페우스는 현존재 전체를 섭렵하는 신령이다. 그가 찬양하는 노래 속에는 이러한 총체성을 기리는 뜻이 담겨 있고, 그 스스로가 노래 속에 살아나는 존재이다. 앞에서 말한 바와 같이, 베라는 오르페우스와 다름없이 '전체적인 것' 속에 거하는 존재이다. 두 형상의 융합은 시인이 의도적으로 이룬 것이 아니라, 신비에 가득 찬 생성 과정의 산물이다. 시를 짓는 것이 존재 방식을 형성하는 기틀이라고 보는 릴케에게 있어서 오르페우스와 베라는 곧 인간이자 시인인데, 그들 스스로가 존재 한계의 대극을 초월할 수 있기 때문이다.

변용

– "호흡이여, 그대 보이지 않는 시여"

1906년부터 1908년 사이에 쓰인 『신시집』을 통하여 표명되기 시작한 릴케의 문학론은 '변용'이 '변혁'의 개념 사이를 넘나들면서 정립되기 시작한다. 더욱이 '변형 Metamorphose'[44]으로 시작하여 '변용 Verwandlung', '변천 Transfiguration', '변혁 Umschlag'에 이르는 시적 전환의 문제를 중점적으로 다루고 있기 때문에 그의 문학을 총괄적으로 재점검할 수 있는 중요한 계기가 된다.

후기 작품 『비가』와 『소네트』의 구체적인 주제라고 할 수 있는 '탄원 Klagen'과 '말 Sagen'이 차츰 '침묵 Schweigen'의 양상으로 바뀌어 가는 것을 본다. 시문학적 변용 과정이라 할 수 있는 이러한 변화는 역시 두 가지 대립되는 모순점을 극복하는 길에서 발견된다. 릴케는 그것을 문학과 삶 사이의 문제의식으로 발전시킨다. '변용'은 "시로 전환될 것으로 파악되는 문학적 형상화에 대한 은유"[45]라고 설명되고 있지만, 『신시집』에 속성화된 새로운 '변혁'의 예술적 행위를 『비가』와 『소네트』에 이어지는 '변용' 개념에 통합하여 파악하는 것은 릴케 문학에 올바른 접근 방법으로 인정되고 있다.

로댕의 문하에서 엄격한 예술 체험을 한 릴케는 또한 인내를

---

44) 로마의 시인 오비드(B.C. 43~A.D. 17)의 『변신이야기』(10권)에 나오는 오르페우스 전설 소재에서 릴케는 직접적인 영향을 받았다.

45) J. Fülleborn, *Umschlag und Verwandlugen*, S. 14.

통하여 형상과 만나는 예술자세를 견지한다. 엄격한 수작업 과정의 결과가 아닐 수 없다. 정확성이란 시인이 대상을 인식하는 데 있어서 마지막 국면에 있어서는 '객관성 Sachlichkeit'일 뿐만 아니라, 한 단계 넘어서서 선별의 인식 과정에 의한 선택의 경지에 더욱 구체적으로 적용된다. 말이 일상 용법에서 벗어나 오르페우스의 영역에 들어가 아주 능숙한 '존재의 변용'에 이르는 것이다.[46)]

그와 같은 노력은 『신시집』의 시 「스페인 여무용수 Spanische Tänzerin」(SW Ⅰ. 531)에 압축, 표현된다. 릴케가 로댕의 영향을 받아 "눈의 작업"을 끝내고 "가슴 작업"으로 예술적 변화를 일으키는 과정이 마치 마네 Manet의 그림처럼 펼쳐진다. 형상은 간결하면서도 다양한 색채 구사를 통한 제시 기능을 충분히 발휘하고 있다. 점차적인 '변혁' 구조에 머무르려는 『비가』와는 달리, 『소네트』는 『신시집』 이후부터 추구되어 온 시간과 공간에 대한 "결정적인 변용"으로 강조점을 옮긴다. Ⅰ부 15, 25소네트, Ⅱ부 18소네트에 나오는 소녀는 이제 더 이상 무용수가 아니라, '변형'의 상징이며, "움직임으로 향한 모든 변천 중의 변천"[47)]이다. 눈에 보이는 세계와 눈에 보이지 않는 세계가 '대등하게 바뀐 세계 공간, 즉 시의 공간으로 우리 앞에 제시된다.

이러한 "운동"이라는 현상은 Ⅰ부 5소네트에서 "그는 오고 가는 몸 er kommt und geht"(SW Ⅰ. 769)이며, 삶과 죽음 사이를 바람같이 넘나들며, 해를 거듭할수록 한껏 피어나는 장미와 같다.

---

46) Ebd., S. 140.
47) C. F. MacIntyre, aaO., p. 13.

오르페우스에 의한 운동은 초월 행위, 즉 변용으로 나타난다. 그것은 눈에 보이는 세계를 눈에 보이지 않는 세계로 옮기는 작업이다. 감각의 세계를 정신의 세계로, 외부 세계를 내면세계로 전환시키는 가운데 시와 인간의 현존재가 서로 만난다.

릴케는 Ⅰ부에서 오르페우스－형상과 그 기능을 정립한 이후에, Ⅱ부에서 시인의 위치와 시의 본질을 다룬다. 시인이 『비가』에서처럼, '변혁'을 몸소 체험할 뿐만 아니라, 시 자체도 바로 이에 토대를 둔다.

이제 지상의 시인은 처음부터 자신이 땅을 '노래해야 함'을 인식한다. 그런 노래를 앞세운 『소네트』는 자연에 대한 관점을 표출하는 『비가』가 결코 제기하지 못한 질문을 한다.

『소네트』가 자체적으로 지니고 있는 바 풍경 속을 향한 오르페우스의 원천적인 변용은 1900년에 릴케가 "예술은 모든 사물들이 지닌 어두운 소원이다. 그것들은 우리 비밀의 모든 형상들이 되고자 한다."(SW Ⅵ. 1161)고 고백하던 때부터 다시 대상을 문학 속으로 옮기려는 노력의 일환으로 이루어지고 있었다. 그것은 예술가가 사물로부터 듣는 외침이자 반드시 충족시켜야 할 소원이기에, 사물의 현존재를 그는 '침묵의 말'로 표현하고, 독자적인 자아를 의식화한다. 그에 이르는 언어 형상들은 "존재의 잠재 Potenzierung des Seins"[48]라는 새로운 모습을 띤다. 그리하여 릴케는

---

48) J. Fülleborn, Umschlag und Verwandlung, S. 129.

"우리 사이를 이어주는 정신 만세!/우리는 진정 형상 속에 살고 있음이라"(Ⅰ. 12)는 감격스런 표현으로 오르페우스를 찬양한다.

- "거울이여, 아직 아무도 알고 말하지 못했으리라"

릴케에게는 주어진 현실을 잘 제어하는 능력이 있다. 그런 인식을 바탕으로 그는 로댕 시대로부터 작품을 곧 존재의 과제로 삼아 왔다. 그는 거울의 이미지를 통하여 "공간의 회귀"를 추구한다. '변용의 장소'로서 거울은 언어 은유법까지 동원하면서 왜곡되는 현실을 보여준다. 예술과 자연의 관계에 가장 효율적으로 설정된다.

릴케가 이미 『신시집』의 「거울 앞의 여인 Dame vor dem Spiegel」(SW Ⅰ. 624)에서 "잠에 취해 몽롱한 듯/매끄럽고 맑은 거울에 가만히/자기의 지친 모습을 풀어 놓는다/그리고 자신의 미소를 집어넣는다."(1연)고 노래함으로써 내부와 외부 공간이 이동하는 것을 되비침이라는 현상을 통해 재인식한다. 그런 양상은 『소네트』의 Ⅱ부 1소네트에서 들숨과 날숨이 생명을 인식케 하는 행위로서 표현되고, 다시 오르페우스의 노래를 통하여 청각적인 감정 수용과 상관관계를 이룬다. 거울은 그래서 공간의 이중 존재를 하나로 인식하는 바탕이다. "깨어났다가 잠들었다"(Ⅰ. 2)는 상반 체험이 교환될 수 있는 공간이자 양자가 암시하는 '소생'과 '죽음'이 반복되는 기초적인 삶의 과정을 이룬다.

그에 버금가는 은유적 기능이 별자리이다. Ⅱ부 15소네트에서는 인간의 변천이 별자리로 표현된다. 거울이 오르페우스라면 별은 베라라 할 수 있을까. 항상 새로운 변화 속에서 서술되는 대상들은 창조 과정상의 특성으로 나타난다. '변용'은 대상과 연관해서 흥미에서 모든 것을 매듭지으며, 신의 도움을 통해서만 완수된다는 전제로부터 시작된다. 그에 따라 시는 언어의 반대쪽, 가득 찬 곳의 맞은편에 있는 빈 곳, 즉 침묵에서 존재한다. 시인은 언어를 구사하여야 한다. 그 언어는 "오직 노래 부르는 자에게만 말할 수 있고"와 "오직 신성한 자에게만 들릴 것이리라"(Ⅱ. 19)로 양극화된다. 시인은 죽은 베라처럼, "그대는 칠현금이 하늘/높이/울려 퍼지는 그곳을/아직 알고 있지 —. 들어보지도 못한 중심까지도"(Ⅱ. 28)에서 말하는 그곳이 어디인지를 알아야 한다고 생각한다. 이 "중심"에서 시는 변용을 가장 순수하게 실현할 수 있기 때문이다. 이런 의미에서 『소네트』는 '중심'을 맴도는 것(오르페우스 노래의)으로 이해될 것이다.[49)]

릴케에게 있어서 '변용'은 시인의 주관성을 통해 이룩될 수 없는 사물의 '변형 Umgestaltung' 이상의 것을 의미한다. 시인은 변용의 상황에 수시로 참여하여 그 자신이 '변천된 것 das Verwandelte' 속에 수용된다. 그에게 있어서 문학이란 제멋대로 접하게 되는 환상의 놀음이 아니라, 구조적인 조직 속에서 사물을 형상화하는 것이다. 그러므로 시는 이 과정을 '상징하는 것이 아니라' 그것을 직접 제시하는 것이라 할 수 있다.

---

49) J. Fülleborn, *Umschlag und Verwandlung*, S. 129f.

릴케 문학의 결정체라 할 수 있는 『비가』와 『소네트』는 각기 '천사'와 '오르페우스'를 중심 형상으로 삼고 있다. 전자가 "초월의 형상 Gestalt der Transzendenz"[50]으로, 후자가 "통합자 der Ganze"[51]로 대조됨으로써 의미가 명확해진다. 형상과의 화해, 시의 공간을 형성하여 변용이라는 문제를 핵심으로 다루고 있는 『소네트』는 앞서 언급한 바와 같이, 가시적인 세계를 불가시적인 세계로 바꾸는 데 집중된다. 반대로 눈에 보이지 않는 세계를 눈에 보이는 세계로 드러내는 작업, 즉 정신이 감각의 세계로 바뀌는 것을 위해 『소네트』는 오르페우스가 삶의 목표로 삼고 있는 디오니소스적 세계관을 앞세운다. 그런 과정상에 알려고 하는 노력이라든가 모든 인위적 노력을 거두고, 이별 · 죽음과 같은 운명적 현상들에 순응한다. 그것을 오르페우스는 '노래'로 성취한다. '노래 부르는 자'에로의 소명은 곧 그에게 있어서 "신의 변형 eine Metamorphose des Gottes"[52]으로 나타나 모든 것을 할 수 있는 능력을 소유한다. 그래서 대극 요소들이 상보 관계를 형성한다. 또한 부분적인 것에 머물지 않고 '전체'에 귀속하고자 하는 열망이 강화되며, 순수하고 투명한 시의 공간이 태어난다.

소네트는 이중 영역을 대립, 종합시켜 주는 전형적인 시 형태이

---

50) E. Buddeberg, *Rainer Maria Rilke*, S. 442.
51) Ebd., S. 444.
52) Ebd., S. 447.

다. 전통적인 고대풍의 시적 배경과 '경직된 starr' 것으로 인식될 만큼 구성의 엄격함을 지닌 이 시 형태를 릴케는 인간이 자체 내에 있는 존재의 대극과 모순들을 극복할 수 있다고 믿는다. 그렇기 때문에 작품 속에서는 1인칭, 2인칭, 복수 1인칭 등이 자유자재로 바뀌어 가며 사용된다.

모순이 더 이상 고통스레 여겨지지 않을 "존재의 총체성 die Ganzheit des Seins"[53]을 겨냥하는 소네트 시 형식은 오르페우스처럼 노래를 부르면서 내적인 변용을 이룬다는 과업과 더불어 존재 본질에 접근할 수 있는 가능성을 찾는다. 거기에는 '맞섬 Gegeneinander'과 '함께함 Miteinander'이 조화를 이루며 '변형 Transfiguration', 즉 내면화를 향한 시적 도전이 이루어진다.[54]

오르페우스는 이승과 저승을 자유로이 넘나드는 존재이다. 모순 상황을 존재론적 차원에서 극복하고 우주 삼라만상에 자유롭게 자리하는 초월자이다. 초월의 의미를 기독교적인 신적 영역 속으로 몰아가는 것을 강력히 거부하고 있는[55] 릴케가 "순수한 상승"(Ⅰ. 1)의 이미지를 내세워 작품의 서두를 장식하고 있는 것은 의미가 매우 크다. 그것은 한 영역에서 다른 영역으로, 즉 어떤 선에서 다른 정점으로 꾸준히 상승하는 것(이전, 성취, 완성, 합일)을 의미한다. 그러나 인간은 항상 분열과 대립 속에 빠져 있으므로 존재 한계의 통합자인 절대자를 숭상하게 되며, 그것을

53) S. Kellenter, *Das Sonett bei Rilke*, S. 125.
54) H. Meyer, *Zarte Empire*, S. 328.
55) E. Lachmann, *Der Engel in Rilkes Duineser Elegien*, S. 415f.

‘찬양’, ‘칭송’ 등을 포괄하는 ‘노래 부름 Singen’으로 표현한다. 노래의 상승에서(Ⅰ. 1) 오르페우스의 몰락까지(Ⅰ. 26) 내용과 형태상으로 하나의 고리를 형성하는 Ⅰ부는 Ⅱ부의 12소네트에 나타나는 “종종 시작과 더불어 그치고 종말과 더불어 시작되리라”는 말로 압축된다. 따라서 오르페우스의 노래는 존재 그 자체, 그만이 노래 부르며 도달할 수 있는 성취 영역이라 할 수 있다.

작품 『소네트』는 그런 “찬양하는 말의 가능성”을 넓힌 시학의 기본서라 할 수 있다.[56] 그것은 릴케에 있어서 하나의 실험적 소산이다. 1923년 2월 23일 카타리나 키펜베르크에게 보내는 편지에서 그는 이렇게 고백한다.

> 저는 줄곧 소네트에 대해서 말을 해봅니다. 이 아주 조용하고 안정된 형태를 어떻게 파악하는 것이 가장 자유로운 것인지, 말하자면 어떤 형태의 변형된 것인지 말입니다. 그러나 소네트를 변형시키고, 그것을 들어 올리고, 달음질치면서도 깨뜨리지 않고 운반하는 것이 바로 제게는 특별한 실험이자 과제였습니다.

『소네트』, 그것은 릴케가 사물의 존재 자체의 모습을 구현해 나간 비전의 완성이다. 인간 존재의 고난과 심연을 넘어서 다른 존재로 옮겨 가기를 원하는 인간 모두의 소원이기도 하다. 이상적 신화상을 통해 시인과 인간의 존재 양상과 그 방식을 노래한 작품이다. 노래 부르는 신의 대열 속에는 베라나 오르페우스의 경지를 깨닫고 있는 사람 모두가 들어설 수 있다는 확신을 안겨

56) Hoffmann/Roesch, aaO., S. 257.

준다. 그것이 '신의 변형'을 체험하면서 시인이 받을 수 있는 존재의 변용이자 예술의 능력이라고 믿는다.

영원과 완벽의 상징으로서 『비가』의 천사와 인간의 실존적 불안, 이 땅의 눈에 보이는 모든 것을 불가시의 것으로 변모시키는 오르페우스를 통하여, 릴케는 죽음을 부정하는 것이 아니라, 영원한 긍정의 길을 찾아내면서 모든 존재의 근원에 접근한다. 또한 예술의 본질을 '자기 존재'와 '세계 공간' 사이의 커뮤니케이션으로 보고, 그것들을 인간의 숨쉬기 현상처럼 내면적 조응을 하도록 한다.

『소네트』는 그리스 고대 신화를 단순히 재수용한 것이 아니라, 엄밀한 의미에 있어서 역(逆)신화적 발상으로 볼 수 있다. 신화적인 기능으로만 머무는 것이 아니라, 다른 주제와 영역으로 넘어가는 연상 작용을 광범위하게 펼치기 때문이다. 폐쇄・긴장・경직된 세계와 관계되는 『비가』에 비해서, 『소네트』는 열린, 풀린, 유연한 세계를 향한다. 즉 긴장・중압・항의로 시작되는 시간과 무상함에 대한 저항 자세에 비하여, 오르페우스의 노래는 자기 자신의 것을 포함하여 모든 존재에 주어진 필연적인 조건들을 수용할 수 있는 시간과 무상함과 연결된다.

오르페우스는 가수의 원형이다. 아니 현대 시인의 조건에 대한 하나의 응답이다. 그의 보호 아래 인간적인 시인이 자리 잡는다. 그는 삶을 죽음에 이르기까지 열어 놓고, 죽음의 나라, 그곳으로 나갔다가 다시 이곳으로 되돌아올 것이다.[57]

---

57) Alfred Doppler, Die poetische Verfahrensweise in Rilkes *Neue Gedichte*. In: Rüdiger Gören(Hg.), *RMR. WdF.* Bd. 638. Darmstadt 1987, S. 334-349

릴케가 영원히 잠들어 있는 스위스
발리스의 라론 교회(上)와 묘지(右)

작가연보

1875	12월 4일 프라하 출생, 12월 19일 가톨릭 영세를 받다.
1882	수도원에서 운영하는 초등학교에 입학하다.
1886	9월: 쌍 푈텐의 소년 군사학교 입학하다.
1890	9월: 메리쉬-봐이쓰키르헨 군사상급학교 진학하다.
1891	6월: 군사학교를 퇴교하다. 9월: 린츠의 실업학교에 입학하다.
1892	5월: 프라하에서 대학입학자격(고교졸업)시험 준비.
1894	시집 『삶과 노래 *Leben und Lieder*』 출간.
1895	대학입학자격시험 합격, 프라하 대학에 입학하다.
1896	뮌헨 대학 등록. 시집 『라렌 신제 *Larenopfer*』 등 다수의 시를 발표하다.
1897	루 안드레아스 살로메와의 만나다. 에세이 「유대인 예수」 및 다수의 시작품과 소설을 발표하다.
1898	베를린에서 루와 함께 지내다. 4~5월: 계속해서 루와 피렌체, 비아렛지오, 프라하에 머물다. 7월: 초포트에 머물다 슈마르겐도르프로 돌아오다. 12월: 보릅스베데에 있는 화가 포겔러를 방문하다. 『피렌체 일기』, 드라마 『백의의 후작부인』(제1원고), 소설 『체조 시간』, 『나의 축제』 등의 시집을 출간하다.

1899 4~6월: 첫 번째 러시아 여행 후 슈마르겐도르프로 돌아오다. 『두 개의 프라하 이야기』, 『마지막 사람들』 등의 소설을 발표하다. 『기수 크리스토프 릴케의 사랑과 죽음의 노래』(제1원고) 발표, 『시도집』 I부 출간.

1900 5-8월: 루와 함께 두 번째 러시아 여행. 보릅스베데에 있는 포겔러를 방문하다. 여류화가 클라라 베스트호프와 파울라 베커와 사귀다.

「진혼곡」, 「눈먼 여인」, 「기도」 등 다수의 시와 산문 「일상생활」 발표하다.

1901 여행. 3월: 클라라 베스트호프와 결혼. 베스터베데에 거주.

12월 12일 딸 루트가 출생하다.

『시도집』 II부와 산문 『풍경에 대하여』, 『보릅스베데』를 출간하다.

1902 8월 말부터 파리에 거주하다.

산문 『보릅스베데』, 『오귀스트 로댕』,(1부)을 발표하다. 시 「어린 시절」, 「소년」, 「가을날」 등을 발표하다.

1903 파리에 머물다 4월 비아렛지오로 가다.

5월 다시 돌아오다. 루와 다시 서신을 교환하다.

7/8월: 보릅스베데를 여행하다.

12월 중순부터 로마에 체류하다.

『시도집』 III부 출간. 소설 『매장인』 발표. 시 「표범」 등 『형상시집』과 『신시집』에 수록될 많은 시를 발표하다. 『젊은 시인에게 보내는 편지』를 출간하다.

1904 6월 말: 스트롤 페른 별장에 머물다.

6월 말~12월 초: 엘렌 케이의 주선으로 덴마크와 스웨덴을 방문하다.

12월: 오버노일란트에 머물다.

『말테의 수기』 집필. 키에르케고르 번역에 몰두하다. 스웨덴의 교육제도 「삼스콜라」에 대한 글 발표. 시 「오르페우스, 에우리디케, 헤르메스」 발표. 『백의의 후작부인』 개작.

1905 오버노일란트 체류. 여행.

6월 중순: 14일간 괴팅겐에 있는 루를 방문하다.

9월 중순: 파리와 근교 뫼동에 있는 로댕의 집에 체류하다.

10월 21일~11월 3일: 보릅스베데-오버노일란트에 머물다.

1906 파리-뫼동 강연 여행.

3월 14일: 프라하의 부친 사망. 뫼동으로 돌아오다.

5월 중순: 로댕과 사이가 벌어짐.

5월 12일: 파리로 거처를 옮기다.

7월 말~8월 중순: 벨기에 여행. 11월 말까지 여행을 계속하다.

12월 4일~1907년 5월 20일: 엘리스 펜드리히 부인이 사는 카프리 섬에 체류. 『말테의 수기』 집필 계속. 「마들랭 브로예를 위한 연작시」, 「카프리 겨울의 즉흥시」 발표. 「수녀 마리아나 알코푸라두의 다섯 편지」 번역.

1907 1월~5월 중순: 클라라 릴케의 이집트 여행. 클라라 릴케와 이탈리아 여행.

5월 말~10월 말: 파리 체류.

11월: 강연 여행. 프라하에 머물다가 로댕의 화해 편지를 받다. 베네치아 여행.

12월 초: 오버노일란트에 머물다. 『신시집』에 수록된 시들 발표. 엘리자베스 바렛-브라우닝의 『포르투갈어 소네트』 번역. 『신시집』 II부 출간.

1908 2월 중순까지 오버노일란트 체류. 여행.

3월~4월 중순: 카프리 섬에 머물다. 병이 들다.

5월 1일부터 파리에 머물다. 엘 그레코 El Greco의 그림을 대하고 감명을 받음. 로댕과의 관계 개선되다. 파울라 모더손-베커와 「칼크로이트 백작을 위한 진혼곡」 발표. 여러 차례 중단을 거듭하던 『말테의 수기』 집필을 계속하다.

1909 파리에 머물다. 클라라, 루, 엘렌 케이가 찾아오다. 심신의 피로가 극도에 달하다.

9월: 휴양차 여행. 괴테에 몰두.

9월 말: 아비뇽, 파리에 체류. 마리 폰 투른 운트 탁시스 후작부인과 사귀다. 『말테의 수기』 부분 출판. 『초기시집』, 『나의 축제』 개작.

1910 강연 여행. 라이프치히에 있는 출판인 키펜베르크 집을 방문하다.

4월: 탁시스 후작부인의 두이노 성을 처음으로 방문하다. 수차례 여행 후 불안 속의 나날을 보내다. 루돌프 카쓰너 Rudolf Kassner의 작품을 탐독하며 휴양하다. 『말테의 수기』 집필 완료.

1911 나폴리, 이집트, 베네치아 여행 후 파리로 돌아오다. 키펜베르크 부부를 방문하다. 남 프랑스의 프로방스를 거쳐 두이노 성에 이르다. 신경쇠약에 시달리며 불안한 나날을 보내다. 프랑스, 영어 문학작품 번역에 몰두. 「달밤」, 「막달레나의 사랑」 등의 시작품들 발표.

1912 5월까지 두이노 성에 머물다 심리분석을 받을 결심을 하다. 베네치아에서 엘레오노라 두제 Eleonora Duse를 만나고 두이노로 돌아오다. 뮌헨, 스페인, 파리에 연속적인 체류. 『두이노의 비가』 집필. 『마리아의 생애』 등의 시작품 발표.

1913 5월 중순 키펜베르크 방문 후, 파리에 있는 클라라에게 오다. 수차례 독일 국내 여행 중 괴팅겐의 루를 만나고 나서 파리로 돌아오다.

「체험」(I, II) 등과 기독교를 소재로 한 풍성한 시작 활동 후

앙드레 지드의 소설 『돌아온 탕자의 이야기』 번역.

1914 파리에 머물다 2/3월 베를린 체류. 벤베누타를 만나다. 그녀와 뮌헨 여행. 취리히, 두이노 성, 이탈리아의 파두아, 아씨시를 거쳐 파리로, 7월 말 라이프치히에, 그리고 전쟁이 터지자 뮌헨에 가서 룰루 라자르트와 함께 지내다. 「전향」 등과 같은 다수의 시작품과 미켈란젤로 번역, 그리고 룰루 라자르트를 위한 15편의 헌정시를 씀.

1915 정신적으로 쇠약하고 병색이 짙어짐. 뮌헨에 있는 루 방문. 헤르타 쾨니히 부인 집에서 피카소의 작품을 보고 감명을 받음. 빈 체류. 「죽음」, 「소년의 죽음에 대한 진혼곡」, 「제4비가」 및 미켈란젤로(번역) 발표.

1916 빈 체류. 6월 9일까지 군 소집. 호프만스탈과 교류. 룰루 라자르트와 함께 지내다가 뮌헨으로 돌아옴.

1917 뮌헨, 베를린 체류. 루이제 라베의 작품 번역.

1918 뮌헨에 거주하며 친지들의 죽음들을 경험함. 키펜베르크 만나다. 오스트리아 훈장 거절.

1919 뮌헨에서 루와의 마지막 만남. 스위스로 여행. 솔리오에 머물다. 취리히에서 난니 분덜리 폴카르트 부인을 알게 되다.

1920 스위스 바젤 근교 체류. 베네치아 여행 후 스위스로 돌아와 프랑스어 지역에서 활동하는 여류화가 발라디네 클로쏩스카를 사귀다. 잠시 파리에 다녀온 후 줄곧 스위스에 머물다.

1921 스위스 각지를 다니다가 메를랭과 뮈조 성을 발견하고 그곳에 머물다. 발레리 문학에 심취. 다수의 프랑스어 시와 발레리의 작품 번역에 몰두하다.

1922 뮈조 성에 머물다 키펜베르크 부부의 방문을 받음. 메를랭과 8월 중순까지 베아텐베르크에 머물다. 건강이 악화되다. 딸 루트의 결혼. 다수의 시작품과 『오르페우스에게 바치는 소네트』(Ⅰ,

Ⅱ부)와 『두이노의 비가』를 완결하다.

1923 뮈조 성에서 많은 방문객을 맞다. 휴양 여행. 프랑스 문학에 몰두하다. 발레리 번역. 「모든 시냇물 소리」, 「우리는 입일 뿐」 등의 시를 쓰다.

1924 4월: 발레리가 뮈조 성을 방문하다.
5월: 클라라의 방문 후 온천장으로 요양 여행. 발몽에서 의원 치료. 「초봄」, 「에로스」, 「산책」 등의 대표적 후기 시와 다수의 헌정시를 쓰다. 그리고 애착을 갖게 된 프랑스어 시들을 쓰다. 서서히 생을 정리하는 듯한 내용의 시들을 많이 남기다.

1925 1월까지 발몽에 머물다가 돌연 파리로 가서 많은 사람들을 만나고 다시 스위스 뮈조 성으로 돌아오다. 50세의 생일을 맞아 많은 축하 전보와 편지를 받다. 『말테의 수기』 프랑스어판 번역 출간하다. 다시 입원하다. 「이돌」, 「공」 같은 작품들과 프랑스어 시를 계속 쓰다. 다수의 헌정시를 남기다.

1926 5월 말까지 발몽에 있다가 6~7월 뮈조 성에, 그리고 8월 말까지 라가즈에서 후작부인과 함께 머물다.
9월에는 로잔에서 생의 마지막으로 아름다운 이집트 여인과 사귀다. 발레리와 재회. 뮈조 성에서 정원의 장미가시에 손을 찔리다.
11월 발몽에서 가료하다가 12월 29일에 세상을 떠나다.

1927 1월 2일 스위스의 칸톤 발리스의 라론 교회묘지에 묻히다.

참고문헌

Primärliteratur

Rilke, Rainer Maria: *Sämtliche Werke*. Hrsg. vom Rilke-Archiv, in Verbindung mit Ruth Sieber-Rilke besorgt durch Ernst Zinn. Bände Ⅰ~Ⅵ. Wiesbaden 1955~1966 (Zit.: SW)

Rilke, Rainer Maria: *Briefe*. Hrsg. vom Rilke-Archiv in Weimar. In Verbindung mit Ruth Sieber-Rilke besorgt durch Karl Altheim. Wiesbaden 1950.

Rilke, Rainer Maria: *Sonnets to Orpheus*. Translated by M.D. Herter Norton. New York 1962.

Rilke. Sonnets to Orpheus. With English translations by C. F. MacIntyre, University of California Press. Berkeley, Los Angeles, London o. J.

Sekundärliteratur

Allemann, Beda: *Zeit und Figur beim späten Rilke. Ein Beitrag zur Poetik des modernen Gedichtes*. Pfullingen 1961.

Buddeberg, Else: *Rainer Maria Rilke. Eine innere Biographie*. Stuttgart 1954.

Cid, Adriana: Mythos und Religiosität im Spätwerk Rilkes. Frankfurt a. M. u. a 1992.

Doppler, Alfred: "Die poetische Verfahrensweise in Rilkes Neue Gedichte." In: Rüdiger Gören(Hg.) *RMR*. WdF. Bd. 638. Darmstadt 1987, S. 334-349.

Freienfels, R.: "Rainer Maria Rilke." In: *Das litterarische Echo*. Jg. 9, 1906~1907, Sp. 1294.

Heidegger, Martin: *Rilke-Essay*. Holzwege, 1952.

Hoffmann, Friedrich G. /Rösch, Herbert: *Grundlagen, Stile, Gestalten der deutschen Literatur. Eine geschichtliche Darstellung*, Frankfurt a. M. 1980.

Holthusen, H. E.: *R. M. Rilkes Sonette an Orpheus. Versuch einer Interpretation*. München 1937.

Kunisch, Hermann: *Rainer Maria Rilke. Dasein und Dichtung*. Berlin 1975.

Lachmann, Eduard: "Der Engel in Rilkes Duineser Elegien." In: Dvjs. 27(1953) 3. H. S. 423.

Mason, Eudo C.: *Rainer Maria Rilke*. Sein Leben und sein Werk. Göttingen 1964.

Meyer, Herman: "Die Verwandlung des Sichtbaren. Die Bedeutung der modernen bildenden Kunst für Rilkes späte Dichtung." In: *Zarte Empire. Studien zur Literaturgeschichte*. Stuttgart 1963, S. 287-334.

Pfeiffer, Johannes: "O Brunnen-Mund." In: *Die deutsche Lyrik. Form und Geschichte*. Hrsg. v. Benno von Wiese.

Düsseldorf 1970.

Prater, Donald A.: *Ein klingendes Glas. Das Leben Rainer Maria Rilkes*. Aus dem Englischen von Fred Wagner.

Ryan, Judith: *Umschlag und Verwandlung. Poetische Struktur und Dichtungstheorie in R. M. Rilkes Lyrik der Mittleren Periode(1907~1914)*. München 1972.

Steiner, Jakob: "Rilke. Die Thematik des Worts." In: Ders., *Vorträge und Aufsätze*. Karlsruhe 1986.